溪山卧游録
勿憚改齋吟稿
勿憚改齋續稿
清抱居剩稿
覆瓿叢談
卅六芙蓉館詩存

〔清〕繆朝荃 編

東倉書庫叢刻初編

（下）

江蘇地方文獻叢刊

廣陵書社

溪山臥游録

溪山臥游録

四卷

鎮洋盛子履學博著

邑後學王禮署簽

光緒壬辰秋九月重刊
東倉書庫叢刻之

序

伸紙一幅其猶古者太素之象乎倏焉而層巒疊嶂平疇綠野喬柯千章歧路四達村郭橋梁漁莊蟹舍樵牧之徑仙隱之廬呀者歊者蚑者繚以曲窈而深者尺幅繪千里之景寸楮作尋丈之勢古人所謂宗師造化收萬物於筆端掃萬趣於指下者畫之爲義大矣哉學者以畫求畫則刻劃之迹重不以畫求畫則筆墨之道乖非傷於巧卽失之俗不鄰於滯或失之野終其身於畫中而卒莫知其所由來此俗工之所以不足與言畫也善畫者能與古人合復能與古人離會而通之春秋冬

夏皆畫景也晦明風雨皆畫意也煙斜霧橫皆畫態也名山佳水皆其本也抑且謝華啟秀通之於詩文篆籀分隸通之於書法實處皆空空處皆實通之於禪理而又讀萬卷走萬里宕跌其氣縱橫其才擴充其見聞寬博其意趣然後煙雲邱壑坌涌而出就其性情品概師承家法各於近者而有得焉得其工者至能品得其化者至神品得其超者至逸品後之人往往贗前人作其畫可贗其至處不可贗也吾友婁東盛君子履邃於學工於詩好山水遠遊並通之於畫其揉皴運筆如百鍊鋼揮灑一氣不規模古人而獨具古人之神髓年來兼

鐸山陽其地濱淮負海有水無山彌望葭菼間以髡柳勝情勝具無可適者一氈蕭然日以詩畫自娛曾慕宗少文澄懷觀道乃著谿山卧游録裒輯曩聞參以已意並時賢議論與素所識善畫者悉載焉而以余名殿其後且屬作序言余雖好之而不足以知之卽知之而不足以及之今以余所知者質之於子履其言或與是書相發明固不妨並存抑其理通於是書之外亦可備一說或其識見未逮而子履有以進之余更轉益多師故不敢以不文辭是爲序道光二年歲在壬午十月陽湖惲秉怡

序

余不解作畫而性喜讀畫憶昔侍先慈偕潔士舅氏品評畫家舅氏謂　國初以婁東三王爲最其能傳衣鉢繼美宗風者近惟盛廣文子履而已余心焉誌之而未識先生之面與先生之畫也比及癸未奉檄新安路經淮浦過舅氏寓齋得見先生之畫蒼秀渾成蓋純以氣韻勝者越十年癸巳持節南河始得見先生之面吐屬風雅神志超曠其視富貴功名眞如浮雲過眼故能寄情六法與山水結世外緣也今春出是編見示余受而讀之知先生亦習聞先慈名深以不獲見筆墨爲恨因

出家藏畫册奉貿並贅數語以誌景仰道光乙未花朝
前三日長白麟慶題於水木清華之館

題跋

觸熱作襏襫子不如谿山之在几案間也逃暑爲河朔
飲不如卧游之訂翰墨緣也朗抱若月清思湧泉結構
邱壑吐吸雲煙若子履者其詩仙邪其畫禪邪其旁薄
萬有博綜諸家而神明於宋元者邪僕非子美君是鄭
虔能無對清尊以賞翫而贈君以簷花細雨之篇嘉慶
戊寅長夏同里汪彥博題於宣南寓舍

子履先生襟抱冲和天機清妙夙世詞客旣下筆如有
神前身畫師更超心而鍊冶所譔谿山卧游録藝林秘
笈畫苑通津窮殊相於雲煙中經三折覽名流於湖海

旁貫百家洵足開萬古之心胸總六法之關鍵言皆有物盡度金鍼傳之其人共欽鴻寶嘉慶己卯閏月朔日借讀於都門虎坊橋旅次敬題數語還之粵嶽山人黃培芳

嘉慶己卯初夏病起訪子履於古藤書屋出卧游錄見示余愧未諳畫理不能强作解事然觀其辨別流派上訴眞宰雲思霞想望之如神仙中人眞足樹畫苑之先聲增藝林之聲價者矣時子履將束裝南歸離緒黯然卒題數語異日續有增補當不吝郵筒之惠寄也吳縣吳慈鶴

十數年來朋舊凋謝其存者亦蹤跡濶疏惟子履會合淮浦往來談藝富有篇什嘗爲余畫靈芬館弟九圖極幽夐深邃之致又贈余眾山一覽圖卷尤蒼潤有古大家氣骨是編以無聲詩寫有聲畫揮麈清談皆詩人吐屬非模山範水作畫師習見語若僅泥六法以求之猶不足以盡作者之妙也道光戊子孟陬吳江郭麐

題辭

一代高名盛孝章風流亦似米襄陽卧游祇有谿山好
五月風泉作意涼

我亦谿山愛卧游冷煙疏樹畫屏秋年來最憶西泠事
一抹殘霞水北樓

畫林精舍小華胥新詠分明重石渠經歲征鴻八千里
有人曾寄海東書朝鮮駙馬洪海居讀余畫林新詠以畫幅詩集見寄

冷署春盤苜蓿紅遠勞河上寄郵筒一編便是游仙枕
蓬島樓臺在此中

道光乙未二月杪年愚弟錢唐陳文述題於秦郵雲影

湘波舟次

自序

余性嗜泉石情耽翰素六法之學廿載於茲筆鈍若椎心頑肖鐵意恉偶託鍥弗舍寘沿討所悉略可贅陳粤自兩晉暨乎六朝三祖之稱四聖之目負乎尙已摩詰畫師將軍小李南北別其派唐宋衍其支逮自元明迄於

聖代名家林立鴻製賸列後進之士追維典型遹厥流貫師承授受蓋可得而稽焉夫曾臺雲構祗一簣之所基滄溟水深乃百川之統滙彼陟岡者中道而止問津者自厓而返卽此藝成而下曷以技進乎神末學膚約

詣力單弱倣屣而棄荆關望洋而詫范李習率易爲高雅矜詭放爲離奇以空諸所有爲士人家風以自我作古爲才人能事不知精能之至乃顯神通絢爛之極方歸平澹昔者華亭擊節於吳興石師服膺於壘井營邱之千巖積雪忠恕之一角遠嵐不以疏密分高下也石翁之氣格渾成六如之風流蘊藉不以濃澹區優劣也今欲不遵矩矱别擅心裁盡棄筌蹄獨誇妙悟不學無術貽舛滋多更有剽竊壘藁鉤摹粉本鏤碧裁紅模山範水岡巒拱揖之法徑路遠近之形竹樹偃仰之容屋宇向背之勢雀燕銖兩不僣乎定式鳶魚飛躍頓失其

靈機欲步北苑之後塵直比南宫於優孟虬鱗之松羃
歷居然黄鶴山樵鼠足之點蕭疏自詡梅華菴主此又
成規是襲真趣無存詩書之氣積之也不深磊落之懷
發之也不暢方斯之技奚足多焉下析流弊上究恉歸
資深逢原博綜約守功候所臻匪伊朝夕一隅尠覯寸
管是窺聊爾箸録有甄證辨狹見疏漏諒不足識續有
見聞重爲綴輯云爾道光壬午孟冬十日鎮洋盛大士
子履甫譔

谿山卧游録卷一

鎮洋盛大士子履著

士大夫之畫所以異於畫工者全在氣韻間求之而已歷觀古名家每有亂頭麤服不屑求工而神致雋逸落落自喜令人坐對移晷頓消塵想此爲最上一乘昔人云畫秋景惟楚客宋玉最佳憭慄兮若在遠行登山臨水兮送將歸無一語及秋而難狀之景自在言外卽此可以窺畫家不傳之秘若刻意求工遺神襲貌匠門習氣易於沾染愼之愼之

書畫本出一源昔聖人觀河洛圖書之象始作八卦有

虞氏作會作繡以五采彰施於五色日月星辰山龍華蟲之屬稽其體制多取象形書畫源流分而仍合唐人王右丞之畫猶書中之有分隸也小李將軍之畫猶書中之有眞楷也宋人米氏父子之畫猶書中之有行草也元人王叔明黃子久之畫猶書中之有蝌蚪篆籀也夫書至蘇黃米蔡縱橫揮霍變化淋漓而於晉人之餘風則漸遠焉畫至倪黃吳王千態萬狀陽開陰合而於唐人之餘風則漸遠焉近日俗書專尚勻淨配搭字畫大小疏密悉中款式書非不工也而其俗在骨不可復與之論書矣近日俗畫專尚形摹如小女子描鉤花樣

一筆不苟畫非不工也而生氣全無不可復與之論畫矣故初學畫者先觀其有生氣否

畫有七忌用筆忌滑忌軟忌硬忌重而滯忌率而濁忌明淨而膩忌叢密而亂又不可有意着好筆有意去累筆從容不迫由澹入濃磊落者存之甜熟者删之纖弱者足之板重者破之則觚稜轉折自能以心運筆不使筆不從心

畫有三到理也氣也趣也非是三者不能入精妙神逸之品故必於平中求奇純綿裹鐵虛實相生學者入門務要筆頭更進能人之所不能不能人之所能方得宋

元三昧不可少自足也此係吾鄉王司農論畫秘訣學者當熟玩之

畫有六長所謂氣骨古雅神韻秀逸使筆無痕用墨精彩布局變化設色高華是也六者一有未備終不得爲高手

畫有四難筆少畫多一難也境顯意深二難也險不入怪平不類弱三難也經營慘澹結構自然四難也

畫家各種皴法以披麻小斧劈爲正宗畫固不可無皴亦不可太多留得空際正以顯出皴法之妙

畫樹法四筆即成樹身而四筆之曲直全視乎一筆之

曲直樹至四五株即成一林參差交互若相爭又若相讓然須有相爭之勢不可露出相讓之迹

畫樹葉法起手先須緊貼在樹身上由内而外由澹而濃由淺而深由疏而密

畫石法先分三面兼方圓而參之以匾大小相間左右聯絡去其稜角而轉折自然方爲妙手

畫山或石戴土或土戴石須相輔而行若巉巖峻嶺壁立萬仞固須石骨聳拔然其岡巒邐迤處仍須用土坡以疏通其氣脉蓋有骨必有肉有實必有虛否則峥嶸而近於險惡無縹緲空靈之勢矣

畫泉須來源綿遠曲折赴壑惟於山坳將成未成時視其空白可置泉者先引以澹墨山坡漸濃則泉自夾出若有意爲畫泉地步恐畫成終欠自然也泉不可無來源亦不可無去路或屋宇鱗次而其上乃有飛泉沖激或懸厓瀑布而其下又無澗壑可歸此皆畫家所忌

畫平沙遠水須意到筆不到且漁莊蟹舍白蘋紅蓼映帶生情或臥柳於橋邊或停橈於渡口或蘆花之點點或蓮葉之田田皆不可少之點綴也若必細鉤水紋卽非大方家數

畫雲有大鉤雲小鉤雲法凡疊巘重岡深林杳靄必有

雲氣往來畫山頭半截中斷處卽雲氣也又恐過於空廓故隨其斷處略鉤數筆以見神采此卽工緻畫亦不可過於細鉤若倣米家父子及高房山則尤要活潑潑地每見近人於山腰樹杪突起白雲重重鉤勒似花朶者望而知爲俗手

畫屋宇或招遠景或工近游或琳宮梵宇意取淸幽或鏤檻雕甍體宜宏敞郵亭候館羈旅之所往來月榭風臺名流之所觴詠雲扃岫幌隱者之所盤桓茅舍枳籬野人之所憩息須一一配合不可移置他處而屋之正側轉遞左右迴環高下縈繞尤當運以匠心

畫橋有高橋石橋小橋板橋之異高橋石橋須有橋欄小橋板橋不必着欄也亦視乎邱壑之所宜

畫江海大船須有風檣奔駛之勢若溪邊垂釣一葉扁舟只以一二筆了之至於載酒嬉春攜琴放鶴夕陽簫鼓明月笙歌皆宜鉤摹工細不可草草

畫帆影須隨風色葭蒲楊柳落雁飛鳧皆風帆之襯筆也若帆向東而草樹沙鳥皆向西是自相矛盾矣以上數條爲初入門第一要義神而明之用法而能得法外意陽施陰設離奇變幻非可以一格論也

唐人畫鉤勒工細非旦夕可以告成故杜陵云五日畫

一水十日畫一石能事不受相促迫王宰始肯留真蹟
自元四大家出而氣局爲之一變學者宜成竹在胸了
無拘滯若斷斷續續枝枝節節而爲之神氣必不貫注
矣譬之左太沖三都賦必俟十年而成若庾子山之賦
江南則不可以此爲例
東坡詩云論畫以形似見與兒童鄰作詩必此詩定知
非詩人不知此旨者雖窮年皓首罕有進步又坡翁題
吳道子王維畫云吳生雖妙絶猶以畫工論摩詰得之
於象外有如仙翮謝籠樊吾觀二子俱神俊又於維也
斂衽無間言此詩極寫道子之雄放當其下手風雨快

筆所未到氣已吞是何等境界乃至摩詰祇寫其詩境之超畫在不言之表而其服膺無間者在此不在彼此眞善於論畫者也

凡學畫者得名家眞本須息心靜氣再四翫索然後濡毫伸紙略取大意興之所到卽彼疏我密彼密我疏彼澹我濃彼濃我澹皆無不可不必規規於淺深遠近長短濶狹間也久而領其旨趣吸其元神自然生面頓開學者見古人名蹟或過眼卽弃或依樣鉤摹胥失之矣

國初畫家首推四王吾婁得其三虞山居其一耕煙散人少受業於染香菴主又習聞煙翁緒論則虞山宗派

原不離婁東一瓣香也耕煙資性超俊學力深邃能合南北畫宗爲一手後人不善學步僅求之於烘染鉤勒處而失其天然宕逸之致遂落甜熟一派憶余初弄筆亦從耕煙入手虞山吳竹橋儀部蔚光謂余曰耕煙派斷不可學近日流弊更甚予其戒之余初不以爲然數年來探討畫理乃知此言不謬不學耕煙固無以盡畫中之奥窔若初學先須放空眼界導引靈機不宜專向耕煙尋蹊覓徑同於東施之效顰

麓臺司農論畫云明末畫中有習氣以浙派爲最至吳門雲間大家如文沈宗匠如董巨本混淆竟成流弊近

日虞山婁東亦有蹊徑爲學人採取此亦流弊之漸也

司農又云意在筆先爲畫中要訣作畫者於畫時要安閒怡適掃盡俗腸次布疏密次別濃澹轉換敲擊東呼西應自然水到渠成天然湊泊若毫無定見布樹列石逐塊堆砌扭捏滿紙意味索然便爲俗筆矣今人不諳畫理但取形似墨肥筆濃者謂之渾厚筆瘦墨澹者謂之高逸色豔筆嫩者謂之明秀皆非也總之古人位置緊而筆墨鬆今人位置懈而筆墨結以此留心則甜邪俗賴不去而自去矣

又云設色者所以補筆墨之不足顯筆墨之妙處今人

不解此意色自爲色筆墨自爲筆墨不合山水之勢不入絹素之骨但見紅綠火氣可憎可厭而已惟不重取色專重取氣於陰陽向背處逐漸醒出則色由氣發不浮不滯自然成文至於陰晴顯晦朝光暮靄嵐容樹色須於平時留意澹妝濃抹觸處相宜是在心得非成法之可定也

司農畫法吾鄉後進皆步武前型然不善領會則重滯窒塞亦所不免蓋無鍊金成液之功則必有劍拔弩張之象無包舉渾淪之氣則必有繁複瑣碎之形司農出入百家成此絕詣今人專學司農不復沿討其源流是

以形體具而神氣耗也天下幾人學杜甫誰得其神與其骨夫杜陵所以推爲詩聖者上至三百篇下至漢魏六朝無所不學然後有此神骨作畫亦然先於神骨處求之則學司農者不可不兼綜諸家以觀其會通矣

詩畫均有江山之助若局促里門蹤跡不出百里外天下名山大川之奇勝未經寓目胸襟何由而開拓

畫有士人之畫有作家之畫士人之畫妙而不必求工作家之畫工而未必盡妙故與其工而不妙不若妙而不工

雲間雙鶴老人沈師皋宗敬筆意超古不入時目然蒼

而彌秀枯而彌腴南宗一大家也嘗言畫有以邱壑勝者有以筆墨勝者勝於邱壑爲作家勝於筆墨爲士氣然邱壑停當而無筆墨總不足貴故得筆墨之機者隨意揮灑不乏天趣

元倪雲林王叔明吳仲圭黃子久四家皆出於董巨董巨在宋時已脫去刻劃之習爲元人先路之導趙吳興集唐宋之成開明人之徑雙鶴老人謂其工細蒼秀兼擅其長然未易學也明人喜學松雪而得其神髓者惟六如居士耳　國初多宗雲林大癡名流蔚起承學之士得其一鱗片爪亦覺書味盎然

雙鶴老人云文沈唐仇爲明四大家仇畫極工細直接小李將軍及北宋諸子而用筆有致非描摹時手可以亂眞然予不願爲也石田筆墨蒼古幼嘗臨仿六如兼宋元法而筆意秀逸超宋格而參元意予竊慕焉若文待詔則非三子可比至於董文敏則又自出機杼幾欲目無前人若平心而論不及古人處正多但用筆有超乎古人之妙者乃其天資獨異耳

又云雲林伯虎筆情墨趣皆師荆關而能變化之故雲林有北苑之氣韻伯虎參松雪之清華其皴法雖似北宗實得南宗之神髓者也

石門方蘭士薰山靜居畫論云　國朝畫法廉州石谷爲一宗奉常祖孫爲一宗廉州匠心渲染格無不備奉常祖孫獨以大癡一派爲法兩家設教宇內法嗣蕃衍至今不變宗風廉州追摹古法具有神理石谷實得其衣鉢故工力精深法度周密時輩僅以寸縑尺楮爭勝至屏山巨幛尋丈計者石谷揮灑自如他人皆避舍矣西廬麓臺皆瓣香子久各有所得西廬刻意追摹一渲一染皆不妄設應手之作實欲肖真麓臺壯歲參以己意乾墨重筆皴擦以博渾淪氣象嘗自誇筆端有金剛杵其蒼蒼莽莽長於用拙是此老過人處

江上外史笪重光畫筌一書得六法秘訣摘錄數語以爲宗法　山川氣象以渾爲宗林巒交割以清爲法主山正者客山低主山側者客山遠　樹中有屋屋後有山山色時多沈靄石旁有沙沙邊有水水光自變空濛　山從斷處而雲氣生山到交時而水口出　江湖以沙岸蘆汀帆檣鳧雁剎竿樓櫓戍壘漁罾爲映帶村野以田廬籬徑菰渚柳隄茅店板橋煙墟渡艇爲鋪陳石之立勢正走勢則斜坪之正面平旁面則仄　半山交夾石爲齒牙平疊逶迤石爲膝趾山實虛之以煙靄山虛實之以亭臺　山外有山雖斷而不斷樹外有

樹似連而非連　坡閒之樹扶疏石上之枝偃蹇　一木之穿插掩映還如一林　一林之倚讓乘除宛同一木

煙中之幹如影月下之枝無色　樹惟巧於分根卽數株而地隔石若妙於劈面雖百笏而景殊　石有剝蘚之色土有膏澤之容　山隔兩崖樹欹斜而援引水分雙岸橋蜿蜒以交通　尺幅小山水宜寬尺幅寬邱壑宜緊　眼中景現要用急追筆底意窮須從别引

峯巒雄秀林木不合蕭疏島嶼孤清室宇豈宜叢雜　前人有題後畫當未盡而意完今人有畫無題卽强題而意索　雲擁樹而村稀風懸帆而岸遠　人不厭拙

只貴神清景不嫌奇必求境實　山下宛似經過卽爲實境林間如可步入始足怡情　墨帶燥而蒼皴兼於擦筆濡水而潤渲間以烘　丹青競勝反失山水之眞容筆墨貪奇多造林邱之惡境　怪僻之形勢作作者一覽無餘尋常之景難工工者頻觀不厭　輕拂輭於濃纖有渾化脫化之妙獵色難於水墨有藏青藏綠之名蓋青綠之色本厚而過用則皴筆全無赭黛之色雖輕而濫設則墨光善掩

吾鄉王東莊居士昱　六法心傳云士人作畫第一要平等心弗因識者而加意揣摩弗因不知者而隨手敷衍

又云氣骨古雅神韻俊逸使筆無痕用墨精彩布局變化設色高華明此六者昔人千言萬語盡在是矣又云麓臺夫子嘗論設色畫云色不礙墨墨不礙色又須色中有墨墨中有色余起而對曰作水墨畫墨不礙墨作没骨法色不礙色自然色中有色墨中有墨夫子曰如是如是

司農有倣古畫册名曰液萃其陽開陰闔沈鬱蒼莽之氣如神龍變化莫可尋其端倪丙子初夏余客吳門慕氏司農後人王丈健齋攜此幀來訪余得而飽觀焉每幅皆司農自爲題跋余既臨摹一徧復録其跋語以誌

緒論於勿忘且深以得見爲幸也吾鄉陸聽松山人所見書畫錄中亦載之

第一幅倣董北苑　六法中氣韻生動至北苑而神逸兼到體裁渾厚波瀾老成開以後諸家法門學者罕觀其涯際余所見半幅董源及萬壑松風夏景山口待渡卷皆畫中金鍼也學不師古如夜行無火未見者無論幸而得見不求意而求迹余以爲未必然　另行余奉勅作董源設色大幅未敢成稿先以此試筆並識之麓臺祁

第二幅倣黃大癡　張伯雨題大癡畫云峯巒渾厚草

米華滋以畫法論大癡非癡豈精進頭陀而以釋巨然爲師者邪余倣其意并錄數語
弟三幅倣趙松雪　桃源處處是仙蹤雲外樓臺倚碧松惟有吳興老承旨毫端湧出翠芙蓉　趙松雪畫爲元季諸家之冠尤長於青綠山水然妙處不在工而在逸余雨窗漫筆論設色不取色而取氣亦此意也知此可以觀鵲華秋色卷矣
弟四幅倣梅道人　梅華庵主墨精神七十年來用未眞此石田句也石田學巨然得梅道人衣鉢欲發現生平得力處故有此語然猶遜謝若此余方望涯涉津欲

希蹤古人其可得邪

弟五幅倣高房山　董宗伯評房山畫稱其平澹近於董米余亦學步久而未成方信古今人不相及也

弟六幅倣黃鶴山樵　叔明少學右丞後酷似吳興得董巨墨法方變化本家體瑣細處有淋漓蒼莽中有嫵媚所謂奇而一歸於正者雲林贈以詩云王侯筆力能扛鼎五百年來無此人不虛也

弟七幅倣一峯老人　大癡畫經營位置可學而至其荒率蒼莽不可學而至若平林層岡沙水容與尤出人意表妙在着意不着意間如姚江曉色沙磧圖是也若

不會本源臆見揣摩疲精竭力以學之未免刻舟求劍矣

弟八幅倣巨然　巨然在北苑之後取其氣勢而觚稜轉折融和澹蕩脫盡力量之迹元季大癡梅道人皆得其神髓者也此圖取谿山行旅煙浮遠岫意而運氣未能舒展若云紙澁拒筆則自諉矣

弟九幅倣雲林設色　雲林畫法一樹一石皆從學問性情流出不當作畫觀至其設色尤借意也董宗伯試一作之能得其髓先奉常倣作秋山最爲得意謹識於後

第十幅倣黄大癡　大癡元人筆畫法得宋派筆花墨瀋間眼光窮天界陡壑密林圖可解不可解一望皆篆籀下士歎而怪尋繹有其人食之足沆瀣余倣大癡題此質之識者

第十一幅倣黄大癡　荆關遺意大癡則之容與渾厚自見嶔嵜刻劃圭角纎巧韋脂以言斯道皆非所宜學人須愼毫釐有差天池石壁粉本吾師　大癡天池石壁有專圖浮巒暖翠中亦用此景皆傳作也誤用者每蹈習氣故作箴語

第十二幅倣倪高士　董宗伯題雲林畫云江南士大

夫以有無爲清俗卷帙中不可少此筆也今眞虎難遺
欲摹其筆輒百不得一此亦清潤可喜

總跋　匡吉甥篤學嗜古從余學畫有年筆力清剛知
見甚正楷摹董巨倪黄正宗屬余倣八家名曰液萃余
信手塗抹稍有形似者弁之曰倣某氏如癡人說夢夏
蟲語冰不足道矣耳目心思何所不到出入諸賢三昧
闖盡蠶叢頓開生面良工苦心端有厚望不必問途於
老馬也康熙乙酉重陽日王原祁題於穀詒堂

按匡吉姓李氏名爲憲初號匡吉後改匡生崑山人
司農之甥善畫山水司農代筆多出匡吉之手後以

畫得官

余於鹿城郎芝田茂才際昌齋中見王石谷手札與其友人字元章者見昔人有得意著作慎重愛惜性命與俱雖誘以甘言啖以厚利俱不足動其心也芝田云元章姓顧氏名卓崑山人亦善畫此札得之於廢簏中其略云壬子秋與正叔同館宜興潘元白家盤桓三月日以翰墨爲樂行篋中偶攜大卷主人歎賞不置屬陳其年先生持三十金求易爾時卽堅執不允拙筆固不足重藎念諸名公題跋實難購求且費三十年精力心血出入相隨一遇能詩善文者卽叩首下拜并餽禮物求

之一時好名之過曾與其年云此非利可以動我心者若再益之仍不肯割愛也曩在玉峯求盛珍翁題詠因其無暇暫留案頭不過半月十日之留並非弟有求售之念何至久假不歸一水之隔渺若河漢昔在京師再四相訂蒙許回崑卽還弟念吾兄眞意相待無容置喙今屈指已十八年而不發一語料吾兄必寤寐難安者弟老頹朽質素性窒而不化一經發覺勢不能遏兒輩雖屬不肖夙知此卷非可易得斷不忍坐視輕擲也弟與仁兄爲道義交從未有開罪處未審何故將此卷勒住不還望乞示期以便趨領立候好音弟雖耳聾目瞶

然事理覷破必不聽吾兄播弄也豈造此浮浪之言算
作完事邪尤爲可怪特此代面惟裁之八月十四日弟
翬頓首元章道社兄足下

谿山卧游錄卷一

邑後學繆朝荃重校刊

谿山卧游録卷二

鎮洋盛大士子履著

畫家惟眼前好景不可錯過葢舊人藁本皆是板法惟自然之景活潑潑地故昔人登山臨水每於皮袋中置描筆在內或於好景處見樹有怪異便當摹寫記之分外有發生之意登樓遠眺於空闊處看雲采古人所謂天開圖畫者是已夫作詩必藉佳山水而已被前人說去則後人無取贅說若夫林巒之濃澹淺深煙雲之滅没變幻有詩不能傳而獨傳之於畫者且倏忽隱現並無人先摹藁子而惟我遇之遂爲獨得之秘豈可覿面

失之乎若一時未得紙筆亦須以指畫肚務得其意之所在

作畫用墨最難但先用淡墨積至可觀處然後用焦墨濃墨分出遠近故紙上有許多滋潤李成惜墨如金是也

用墨須有乾有濕有濃有澹近人作畫有濕有濃有澹而無乾所以神釆不能浮動也古大家荒率蒼莽之氣皆從乾筆皴擦中得來不可不知

作畫蒼莽難荒率更難惟荒率乃益見蒼莽所謂荒率者非專以枯澹取勝也鉤勒皴擦皆隨手變化而不見

痕迹大巧若拙能到荒率地步方是畫家眞本領余論畫詩有云粉本倪黃下筆初先教煙火氣全除荒寒石髮千絲亂絕似周秦篆籀書頗能道出此中勝境

畫以墨爲主以色爲輔色之不可奪墨猶賓之不可溷主也故善畫者青綠斑斕而愈見墨采之騰發

作畫忌用礬紙要取生紙之舊而細緻者爲弟一若紙質粗鬆灰澁拒筆皆不可用然比礬紙則猶爲彼善於此蓋慣畫灰澁粗鬆之紙一遇佳紙更見出色若慣用礬紙則生紙上不能動筆矣

作詩須有寄託作畫亦然旅雁孤飛喻獨客之飄零無

定也閒鷗戲水喻隱者之徜徉肆志也松樹不見根喻君子之在野也雜樹峥嶸喻小人之暱比也江岸積雨而征帆不歸刺時人之馳逐名利也春雪甫霽而林花乍開美賢人之乘時奮興也

山靜居畫論云畫藁謂粉本者古人於墨藁上加描粉本用時撲入縑素依粉痕落墨故名之也今畫手多不知此義惟女紅刺繡上樣尚用此法不知是古畫法也今人作畫用柳木炭起藁謂之朽筆古有九朽一罷之法蓋用土筆爲之以白色土淘澄之裹作筆頭用時可便改易數至九而朽定乃以淡墨就痕描出拂去土迹

故曰一龍朽筆古人有用有不用大約工緻者宜用之寫意者可不用今人每以不用朽筆爲能事其實畫之工拙豈在朽不朽乎

虞山畫派以耕煙爲宗楊西亭親受業於耕煙可謂得其具體墨井道人吳歷筆墨之妙戛然異人余於張氏春林仙館中見其霜林紅樹圖亂點丹砂燦若火齊色豔而氣冷非紅塵所有之境界虞山人多學耕煙而墨井無人問津蓋耕煙之筆易摹墨井之神難肖耕煙易悅時目墨井難遇賞音也王司農嘗評墨井之畫太生耕煙之畫太熟又云近代作者惟有墨井一人然則學

耕煙不成流爲甜熟學墨井不成猶不失爲高品也墨井道人字漁山亦廉州之高弟

耕煙集宋元之大成合南北爲一宗法律則精深靜細氣韻則疏宕散逸其在明四大家則惟六如居士相與頡頏石田則遜其秀逸十洲則讓其超脫衡山更退避三舍矣今之學耕煙者僅求之一邱一壑間而失其天生之氣骨此如西子工顰出於無意不能禁人之不效又烏能教人之盡如其工哉

江左畫家擅門業者吾鄉王氏外惟毘陵惲氏爲極盛香山老人蒼渾古秀出董巨而入倪黃南田翁花卉寫

生空前絶後然其山水飄飄有淩雲氣真天仙化人也後人世其家學者指不勝屈又有女史名冰字清於與懷娥懷英先後擅美近聞完顔夫人字珍浦博雅工詩文兼長繪事余友潔士徵君（秉怡）之妹也余恨不獲親見其筆墨然惲氏一門才俊東南竹箭靈秀所鍾其信然矣

畫固首取氣韻然位置邱壑亦何可不講譬如人家屋宇堂奥前後顛倒雖文榱雕甍庸足道乎故江上外史云畫工有其形而氣韻不生士夫得其意而位置不穩前輩脱作家習得意忘象時流託士夫氣藏拙欺人惟

神明於規矩者自能變而通之故又云善師者師化工不善師者摹縑素拘法者守家數不拘法者變門庭畫中詩詞題跋雖無容刻意求工然須以清雅之筆寫山林之氣若抗塵走俗則一展覽而庸惡之狀不可嚮邇谿山雖好清興蕩然矣石田畫最多題跋寫作俱佳十洲畫惟署實父仇英製或秖用十洲印記而不署名且古人名畫往往有不著姓氏者不似今人之屑屑焉欲見知於人也人各有能有不能或長於畫而短於詩或優於詩詞而絀於書法秖可用其所已能不可強其所未能果有妙畫卽絕無題跋何患不傳若其題畫行

款須整整斜斜疏疏密密真書不可失之板滯行草又不可過於詭怪總在相山水之布置而安放之不相觸礙而若相映帶此爲行款之最佳者也

山靜居畫論云款題圖畫始自蘇米至元明而遂多以題語位置畫境者畫亦由題益妙高情逸思畫之不足題以發之後世乃爲濫觴古畫不名款有款者亦於樹腔石角題名而已後世多款題然款題甚不易也一圖必有一款題處題是其處則稱題非其處則不稱故有由題而妙亦有由題而壞者此又畫後之經營也

余題畫詩多不存藁卽存者亦不盡愜意偶錄截句數

首以博覽者之一哂云翠微横卧屋西東隔斷莓墻路未通莫訝山深蹊徑絕恐勞屐齒到山中雨後雲成縹緲山虎兒筆妙絕人寰何當東海披煙霧散髮扁舟任往還漁莊蟹舍蓼花洲小景谿山九月秋何處亭皐八忽去晚風吹雨過西樓山村小築水邊臺薄薄霜封淺淺苔紅到門前烏桕樹江干應有客歸來

戊子秋余自白門買舟爲皖江之游有舟中雜詠非爲題畫作也然頗與畫意相近有句云兩澗平分水數灣東西村舍路迴環斜陽欲落仍留住楓葉中間一點山又與友人游萬松山眺龍山百子諸勝五古一首中有

云煙生裲子頭雲過樵者足鐸聲響厓路人語答林谷爪磴平亦頗重岡起仍伏其於黃鶴山樵畫意庶幾近之

圖章必期精雅印色務取鮮潔畫非藉是增重而一有不精俱足爲白璧之瑕歷觀名家書畫中圖印皆分外出色彼之傳世久遠固不在是而終不肯稍留遺憾者亦可以見古人之用心矣按陶南村輟耕錄載印章制度極詳凡名印不可妄寫或姓名相合或加印章等字或兼用印章字曰姓某印章不若只用印字最爲正也二名者可回文寫姓下着印字在右二名在左是也單

名者曰姓某之印却不可回文寫名印內不得着氏表德可加氏字宜審之表字印只用二字此爲正式近人或并姓氏於其上曰某氏某若作姓某甫古雖有此稱係他人美已却不可入印漢人三字印非複姓及無印字者皆非名印蓋字印不當用印字以亂名也此雖不可拘泥然亦何可不知其大略乎

各種顏色惟青綠金碧畫中須用石青硃砂泥金鉛粉至水墨設色畫則以花青赭石藤黃爲主而輔之以胭脂石綠此外皆不必用矣花青須擇靛花之青翠中有紅頭泛出者爲弟一陶汰淨盡乳鉢椎細以無聲爲度

加膠入巨盞內澄之取其輕清上浮者置烈日中曬乾不可隔宿近日吳門有買製成花青頗可用然而庋久則色終黯也赭石亦有製成者却未必佳宜取赭石中堅細而色麗者兩石相摩臨畫臨用略加膠水則色澤鮮潤而靈活藤黃宜用圓而長者俗名圈黃芥子園譜所謂筆管黃也藤黃有毒不可入口法製石綠先要研細亦以無聲爲度總之愈細愈妙臨畫則入膠畫畢則出膠出膠不清綠色卽黯矣胭脂須澄出棉花之細渣滓以清水絞出濃汁臨畫時淺深濃澹斟酌用之以花青和藤黃卽成草綠色花青重者爲老綠花青輕者爲

嫩綠藤黃中加以赭石謂之赭黃亦可加以胭脂以之畫霜林紅葉最得蕭疏冷豔之致胭脂中加以花青卽成紺紫夾葉雜樹亦可點綴也石綠惟山坡及夾葉或點苔用之却不可多用雪景可用鉛粉然不善用之頓成匠氣

黃鶴山樵於明洪武初爲泰安知州泰安廳事後有樓三間山樵日夕登眺其上因張絹素於壁畫泰山之勝每興至輒一舉筆凡三年而畫成時陳惟允爲濟南經歷與山樵皆妙於畫且相契厚一日會晤值大雪山景愈妙山樵謂惟允曰改此圖爲雪景可乎惟允曰如傳

色何山樵曰我姑試之以筆塗粉色殊不活惟允沈思良久曰我得之矣爲小弓夾粉張滿彈之粉落絹上儼然飛舞之勢皆相顧以爲神奇山樵題其上曰岱宗密雪圖自誇以爲無一俗筆惟允固欲得之山樵因輟以贈惟允嘗謂人曰予昔親登泰山者屢矣是以知此圖之妙諸君未嘗盡登不能盡知妙處也

近人寫雪景鉤勒處多用濃墨墨濃則空白顯露而積雪自厚也然不善用墨而專尚刻露未有不失之板滯者明九龍山人王孟端紱云李營邱畫精到造化嘗見其畫雪景峯巒林屋皆以澹墨爲之而水天空濶全用

粉墳洵是奇絕

九龍山人云畫樹之竅只在多曲雖一枝一節無有可直者其向背俯仰全於曲中取之或曰然則不有直樹乎曰樹雖直而生枝發節處必不多直也董北苑樹法作勁挺之狀特曲處簡耳若李營邱則千曲萬曲不下一直筆也

大癡評畫先要去邪甜俗賴四字九龍山人云有一等人事不師古我行我法信手塗澤謂符天趣其下者筆端錯雜妄生枝節不理陰陽不辨清濁皆得以邪概之有一等人結構粗安生趣不足功愈到而格愈卑是失

之甜惟神明煥發意態超越乃能一洗萬古甜濁耳俗之一字不僅丹華誇目一流俗則不韻山谷老人言書畫皆當觀韻李伯時作李廣奪馬南馳狀引滿以擬追騎箭鋒所值人馬應弦使俗手爲之當作中箭追騎矣此意最宜領會賴者藉也是暗中依賴也臨摹法家不廢倚靠才子弗爲昌黎得文法於檀弓后山得文法於伯夷傳愜心處正不在多人亦無從摸着何必拘拘焉傍人門戶爲哉

近人寫雨景多仿米氏父子及高尚書法往往淋漓濡染墨有餘而筆不足不知元章畫法出自北苑清刻透

露筆筆見骨性嗜奇石每得佳者曲意臨摹惟恐不肖鑒別畫理纖細不遺今古推爲弟一元暉早得家學其山水淸致可掬略變乃翁所爲成一家法意在筆先神超象外房山書畫宗董巨中年專師二米損益別自成家評者至有眞逸品之目嘗爲李公略作夜山圖覽之者眞覺重山岑寂萬籟無聲龍漏將殘兔魄欲沈時也然則此數公者精意深造夫豈僅以濡染爲能事乎方元暉未遇時士大夫易得其筆墨及其旣貴深自秘重非奉睿旨概不染翰朝士作詩嘲之曰解畫無根樹能爲濛瀧雲如今供御也不肯爲閒人此特因其不妄應

酬而譏笑之耳今之學米者則全是無根樹濛溎雲而已

嚴滄浪以禪喻詩標舉興趣歸於妙悟其言適足爲空疏者藉口古人讀破萬卷下筆有神謂之詩有别腸非關學問可乎若夫揮毫弄墨霞想雲思興會標舉眞宰上訴則似有妙悟焉然其所以悟者亦由書卷之味沈浸於胸偶一操翰汩乎其來沛然而莫可禦不論詩文書畫望而知爲讀書人手筆若胸無根柢而徒得其迹象雖悟而猶未悟也

米之顛倪之迂黄之癡此畫家之眞性情也凡人多熟

一分世故卽多生一分機智多一分機智卽少却一分高雅故顛而迂且癡者其性情於畫最近利名心急者其畫必不工雖工必不能雅也古人著作藏諸名山傳之其人曷嘗有世俗之見存乎

郎芝田云畫中邱壑位置俱要從肺腑中自然流出則筆墨間自有神味也若從應酬起見終日搦管但求蹊徑而不參以心思不過是土木形骸耳從來畫家不免此病此迂癡梅鶴所以不可及也

又云藍田叔戴文進畫家之功力盡矣李檀園程孟陽畫家之風致盡矣四者合而爲一其神味當又何如邪

又云古人以煙雲二字稱山水原以一鉤一點中自有煙雲非筆墨之外别有煙雲也若僅將澹墨設色烘染而成便是畫工俗套

凡刻期索畫必是天下第一俗人若如期作畫又是畫師中第一賤工予畫甚不工然終不肯爲人服役客有索畫者閱數日而催促之則滿擬今日卽畫而必遲之數日矣且敗興之後必無佳筆故雖遲久而終不動筆也不但畫也卽求詩文者亦斷無刻期促迫之理

凡作詩畫俱不可有名利之見然名利二字亦自有辨

山中何所有嶺上多白雲只可自怡悦不堪持贈君自

是第一流人物若夫刻意求工以成其名者此皆有志於古人者也近世士人沈溺於利欲之場其作詩不過欲干求卿相結交貴游弋取貨利以肥其身家耳作畫亦然初下筆時胸中先有成算某幅贈某達官必不虛發某幅贈某富翁必得厚惠是其卑鄙陋劣之見已不可嚮邇無論其必不工也卽工亦不過詩畫之蠹耳

畫中之山水猶文中之散體也畫中之花卉翎毛人物猶文中之駢體也駢體之文烹鍊精熟大非易事然自有蹊徑可尋猶之花卉翎毛人物自有一定之粉本卽白描高手亦不能盡脫其程矱若倪黃吳王諸大家山

水此即韓蘇之文如潮如海惟神而明之則其中淺深布置先後層次得心應手自與古合使僅執一筆二筆以求之失之遠矣

作畫起手須寬以起勢與弈棊同若局於一角則占實無生路矣然又不可雜湊也峯巒拱抱樹木向背先於布局時安置妥貼如善弈者落落數子已定通盤之局然後逐漸烘染由淡入濃由淺入深自然結構完密每見今人作畫有不用輪郭而專以水墨烘染者畫成後但見煙霧低迷無奇矯聳拔之氣此之謂有墨無筆畫中之下乘也

耕煙畫設色纖膩司農畫神氣重滯者皆爲贋品或題款與印章皆逼眞而其畫則贋者乃是門下士代作如楊西亭王東莊李匡吉諸家是也較之近人贋作則迥勝矣且有款印皆眞畫未盡出色而游行自在兼有意趣者特當時不經意之作其風骨與人迥不同耳

京師琉璃廠肆所見古名家畫大半皆贋品然亦有絕妙之作曾見黄鶴山樵雪景紙本立軸長三尺許濶一尺五寸款用隸書畫筆遒古蒼穆斷非近人所能學步索價甚昂余斷不能購細玩竟日歸而夜不能寐明日晨起覓之則已爲有力者攜去矣

吾州賞鑒家向推陸聽松山人（時化）畢竹癡老人（瀧）兩家書畫甲於吳郡惜余不及見其美富也虞山收藏莫富於板橋張氏余客張氏凡七年所見古大家名家目不給賞而大癡之春林遠岫圖巨幛尤卓絕千古友柏主人題其齋曰春林仙館余坐卧其中徧覽真蹟日夕臨摹楮墨間若有所得館傍有古柏一株聳幹千尋屈曲盤鬱主人笑謂余曰此黃鶴山樵筆意也既而主人歸道山其家中落畫遂散失春林巨幛聞以八百金售歸他氏矣迴憶向之翦燈溫酒評畫談詩不數年間人琴俱亡風流頓盡言之慨然主人名大鑑字鏡之友柏

其自號也博雅工詩爲學官弟子有聲以明經貢成均不得志而終

聽松山人書畫說鈴云　國朝畫手如王奉常時敏王廉州鑑王司農原祁王山人翬惲布衣格後改壽平吳處士歷較之宋元大家有過之無不及眞而佳者今已罕見

又云凡名蹟卽信而有徵於眞之中辨其着意不着意是臨摹舊本抑自出心裁有着意而精者心思到而師法古也有着意而反不佳者過於矜持而執滯也有不着意而不佳者草草也有不着意而精者神化也有臨摹而妙者若合符節也有臨摹而拙者畫虎不成也有

自出心裁而工者機趣發而興會佳也有自出心裁而無可取者作意經營而涉杜撰也此中意味慧心人愈引愈長與年俱進扞格者畢世模糊用心亦無益也

又云書畫無款非病也宋人無款而且無印者甚多凡院本而應制者皆無印款如馬夏諸公或於下角偶於樹石之無皴處以小楷書名李龍眠能書而不喜書款今人得眞蹟而必於角上添龍眠李公麟五字罪大惡極

又云書畫不遇名手裝池雖破爛不堪且包好藏之匣中不可壓以他物不可性急而付拙工性急而付拙工

是滅其蹟也拙工謂之殺畫劊子今吳中張玉瑞之治
破紙本沈迎文之治破絹本實超前絕後之技爲名賢
之功臣

谿山臥游錄卷二

邑後學繆朝荃重校刊

谿山卧游録卷三

鎮洋盛大士子履著

吾州向推畫家淵藪自廉州太守煙客奉常後繼之以麓臺司農海内論六法者必翕然稱婁東其親受司農之枕秘者東莊居士也其淵源家學克紹宗風者蓬心太守暨小蓬貳尹也其私淑司農者則有毛宿亭主事暨其子雙橋上舍顧容堂農部辦香麓臺筆意凝重有氣骨陸子若孝廉谿山小景其秀在骨不食人間煙火李曉江明府宗法既正而筆隨心轉動合自然卓然名家風範

吳梅村先生詩名甲於海內畫亦不愧大家余見其條幅扇册諸作擬之畫中九友當在思翁煙老之間李長蘅程松圓尚有避舍處何況餘子

梅村有題志衍畫山水詩志衍姓吳氏名繼善官成都太守梅村族兄死於獻賊之難其倣董巨山水直追古人

畢竹癡老人畫竹木樹石神似古人陸息游居士畫山水生氣勃發迥殊近習二君皆賞鑒家而工於畫者

王香祖浩畫法原本家傳能以高簡取勝畫中之逸品也家貧旅食吳門有海門陳氏客居滄浪亭之南主人

性愛客招香祖至家作畫資以脩脯衣食粗給旋不永年惜夫

王子若茂才應綬麓臺司農之裔孫也詩文淵雅精通金石文字勝游湖海早著才名山水恪守家風氣骨渾厚余昔邂逅袁浦贈之以詩報余以畫客中得此故人實爲至樂今則渡江南下久不至浦矣

胡與眞居士琳亦吾邑人二十年前見其所作已入耕煙勝境自余遊浙中二年客都門三年覊縻淮壖者十有餘年眷念桑梓渺若山河異日重盟息壤白髮清尊重評畫學何樂如之

少居里門與二三舊雨評審畫理如陸君子若陸君小史俞君殷六余皆親聞其議論惜過眼雲煙不能盡憶及浪遊南北與鄉里濶疏後起之秀不乏其人老眼摩挲飽觀羣玉願以俟諸異日

近日江左畫家各有好尚吾婁學司農吳下學文沈海虞學耕煙麓城王椒畦孝廉學浩脫胎司農而變化成轍上追董巨諸大家鄖芝田茂才雅秀蒼潤兼司農耕煙兩家之妙椒畦以天分勝而學力足以副之芝田以學力勝而益顯其天分之高故有崑山兩大家之目椒畦負海內重名而芝田之名人有不盡知者非畫之

有優劣也其性懶散又兼口吃見達官貴游必遠避之閉門埽軌以翰墨自娱不求人知故知之者亦少平心而論芝田之精到處宕逸處椒畦容有不及若椒畦之蒼堅渾厚芝田終未肯多讓也

丙子夏椒畦招余同郎澹翁集學圃爲余作扇頭澹墨山水余觀其皴擦烘染由淺入深彌深彌遠所謂墨具五色椒畦深得不傳之秘矣

辛未秋芝田爲余寫秋山圖絹本大軸擬黄大癡淺絳法於蒼渾中見腴潤於宕逸中見清遒余題詩云畫山山從天外落畫水水自雲中來五百年間推巨手一峯

老人安在哉　國初畫法元人肖太原司農擅神妙誰
尋其委窮其源鹿城近得鄭士元橫皴側點作劈斧意
趣無窮出奇古丹青繪就懸虛堂往往蛟龍吼風雨虛
堂風雨詫通靈聽之無聲似有聲真想自在筆墨外煙
嵐杳杳雲冥冥贈我霜綃一丈許碧山紅樹芙蓉渚有
人開徑招仙羣鎮日看雲雨無語我欲乘風學沖舉咫
尺千山萬山阻安得買藥逢壺公跳身入此圖畫中煙
霞氣味細領略開我抑塞之心胸重呼癡仙作仙友醉
倒瓊蘇百斛酒從此六法窺秘傳解衣旁薄揮長箋隨
君高馳出塵表蓬萊絕頂崑崙巔空青落手屏障濕寥

天萬里驅雲煙

味霞山人李世則虞山語谿人工琴能詩精岐黃術尤長於繪事長卷巨幅布置邱壑具有法度雖醉後揮毫亦必心古人而追之余初搦管即師事之時時以甜邪俗賴爲戒一邱一壑一樹一石皆山人所指授者也旣而陸君子若又授余以變化之法又得王君椒畦郎君芝田切磋而磨礪之轉益多師稍有進步而橐筆遠游不得與諸君追隨几案間所以迄無成就也

山人之子馨字小霞年十餘歲卽能揮灑大幅後從椒畦孝廉游其學益大進

屈竹田别駕保鈞胸有畫癖鑒賞極精張氏之春林仙館屈氏之谿山無盡樓皆海虞珍藏書畫之淵藪也余客張氏距竹田居僅里許兩家珍秘得以縱觀竹田子頌滿字宙甫余於乙丑歲晤見時年僅十三畫法宗北苑大癡生氣滿紙一時有神童之目後數年余游浙中歸聞宙甫遽赴玉樓不勝悼悒

吳門王竹嶺善寫山水兼有耕煙石師筆意鹿城郎芝田從而受業焉竹嶺負重名吳中學丹青者爭集其門或重幣邀之不當意輒辭去芝田之尊人澹翁聞其名扁舟往訪邀至家客數月而芝田之學大進今其齋中

所藏竹嶺畫頗多大約明秀而不入甜俗深厚而不流板滯其標格無愧名家竹嶺名三錫字邦懷吳郡人或云郎東莊之從子蓋自婁遷吳者也畫法清湛出衆嘗有人負錢數緡索畫郤之曰古人諛墓得金書碑酬絹顧余豈賣畫行同市儈邪人咸服其高致見長洲彭朗峯蘊璨畫史彙傳

吳中明經蔣三島步瀛工詩文書法學董文敏寫山水妍秀飄逸丙子夏日晤於郎芝田齋中三島疏懶性成與人交不作世故惟率眞而已

穹窿道士李補樵德善山水幼時與郎芝田同學畫於

王竹嶺其畫近荊關一派刻劃中仍有灑脫之致小樓一間面對太湖揮毫落紙筆意翛然絕俗

邵仲游聖藝虞山人耽於六法至老不倦其生平得力處在董思翁余每見其所作雅秀恬逸之致流溢絹素間昔在虞山時相過從仲游年已七十矣

蔣有筠處士寶齡亦虞山人余於庚午辛未間見其所畫山水瀟遠有不盡之致丙子夏有筠訪余於吳門竟日論畫無倦容其論用筆專尚生趣用墨無取癡肥要於渾厚中見骨采嘗爲友人作潑墨橫幅意致深遠神味靜逸直入古人之室此幅歸於寶山黃平泉家

黃韻山大令 泰 一峯老人後裔世居虞山北郭解組歸田酷嗜書畫余過其家左圖右史古香襲人畫法稍變宗風不染近人習氣

家少巖 以清 虞山人乙卯登京兆賢書其畫宗法耕煙經營布置具有苦功

姚春帆居士 鍾德 虞山人少習繪事及游楚南學畫於蓬心太守丙寅丁卯間與余同客春林仙館促坐摛毫互相砥礪其功夫極沈着無輕浮淺率之筆而年甫五十窮愁抑鬱客死他鄉惜夫

嚴香府少尹 鈺 嘉定人以太學生獻畫册邀

睿賞曾遊虞山館於春林仙館時年已六十餘矣春林館藏其畫甚多有春水滿泗澤夏雲多奇峯秋月揚明輝冬嶺秀孤松四軸皆澹宕出俗嘉慶乙丑余館張氏見之深爲欣賞然未晤其人也丁丑游都下乃與香府晤覿其近製較前所見者更淋漓變化爲之叫絕時年已七十有六精能之至與年俱進所著詩亦流利渾成官居縣尉而意致瀟灑談吐儁雅其自壽詩有云虎頭漫擬癡三絕牛後依然拙一官欲覓丹砂乞句漏還攜煙笠釣滄溟其風致可想已

香府客京師顏其寓齋曰人海行窩余晨夕聚晤甚樂

嘗有某太史遣人持巨幅紙索畫香府語之曰要嚴香府畫惟扇頭或可應酬若立軸則可遇而不可求也竟還其紙其人因請香府曰姑留此爲我作包裹雜件可耳

墨香居畫識南滙馮廣文金伯治堂氏所撰詳載近代畫家搜羅既富採擇亦精余嘗於鄭芝田齋中見治堂畫册有元人遺意芝田云治堂家居寒素而性喜推解朋舊中貧乏之者苟告情於治堂無不爲之鬻畫也

近時浙西山水首推奚鐵生岡鐵生新安人杭之寓公也筆意超絕余於李虎觀司馬邦燮齋中見其倣董思

翁蘋仙廬圖尤爲神品畫史彙傳云鐵生字純章蝶野子蒙泉外史鶴渚生散木居士皆別字也山水瀟灑淸潤花卉有惲南田氣韻名聞海外遠在日本琉球間所著有冬花菴燼餘稾

吳門李布衣邦熾字珊洲虎觀司馬之從弟少孤酷貧自幼廢書及依虎觀家中見虎觀書法頗嗜臨池行楷皆秀潤有致又從余學畫性極穎悟進境甚速不數年遂大成旣而虎觀遠宦滇中珊洲無所歸客洛陽抱病旋里卒於舟次

李堯潭宗墉虎觀司馬之子司馬有子三人長湘茳博

雅能文次靜埜亦有文望赴京兆試卒於旅次曉潭才名與伯兄埒寫山水神韻超邁惜亦不克永其年曉潭之姊氏曰生香巺中才媛也適武林何氏旋以病夭生香善填詞工寫生余有蝶戀花一闋題生香詞藁并柬湘芷昆季云幾日尋春春欲暮嬾去尋山却爲尋詩住消得一番春意緒鶯聲三月紅闌雨道韞清才工詠絮羣季分箋聽擊花前鼓只剩金鑪香半縷新詩我欲明朝補

胡東園騏一字淞漁寶山人庚午應京兆試登賢書東園少遊京師賃廡於琉璃廠橋之東破屋數椽與賈人

雜處而吟哦之聲常出金石寫山水得二米房山遺意余自戊辰巳巳間客中無事惟與東園朝夕染翰以爲樂洎庚午北闈東園獲雋余已南歸越三年癸酉秋東園喪其愛子又年荒乏治生策狼狽出門之山右卒於途余甲戌至京東園已下世天之困阨斯人一至於此其筆墨流傳絕少後世誰復知有胡東園其人乎噫

黃明經培芳字子實一字香石廣東香山人與陽春譚農部敬昭番禺張司馬維屏以詩名於嶺海大興翁覃谿先生定爲粵東三子香石曾爲其友人林辛山大令畫當遊羅浮圖水墨絹本極煙雲杳靄之致兩崖之間

飛瀑奔注叢樹之內古寺參差坐對怡情頓忘塵想題云白雲山爲羅浮之門戶濂泉蒲澗小有羅浮之勝雲泉山館在焉甲戌初秋與辛山年丈往遊辛山謂未得到羅浮卽此可當遊矣屬寫此圖粤嶽山人培芳并記

近日浙西畫家自奚鐵翁外如馬秋葯太常履泰屠琴隖太守倬徐西磵茂才鉞皆上追曩賢升堂入奥者也三君之畫余所見惟秋葯最多琴隖次之而皆無藏本西磵於丙子冬一晤於杭州旅舍後數年介其友人黃君蓮泉贈余扇頭小景仿大癡設色生趣勃然有神無迹曩在袁浦汪已山部曹敬齋中見西磵所畫屏四幅

皆力追古人而得其神髓者黃蓮泉名繩與西磵同里亦工山水兼善花卉寫生

秋葯先生畫以逸品而入神品其贈湖州太守趙季由學轍設色立軸尤爲傑構其用筆如魯公書力透紙背而神采煥發一氣渾成具見作家本領余嘗投詩於先生有論畫一首敘述浙西畫家及於先生先生評其旁云僕於此道愧未夢見又可想見其虛懷矣

琴鳴山水其不經意處蒼茫入古渾灝流轉獨得雄直氣發爲古文章琴鳴之畫近之矣

琴鳴爲其友人王海村騎尉斯年畫湖樓秋思圖長卷

意到興到之作也王君海甯人僑寓錢塘圖寓悼亡之意余亦有設色長卷并題截句云湘簾風動細生波寂歷妝鬟點翠螺一樣西湖好明月秋來詩思此樓多改七薌山人琦松江人工塡詞畫花卉神似南田山水學十洲六如其妙處直入北宋人之室余所見工細山水多矣求其吐棄凡近未有過於七薌者其爲吳江郭頻伽明經麐作老復丁菴圖及爲余作橫舍課經圖如香霧滿身萬花齊發而古色黝然迥非俗豔七薌於余畫有嗜痂之癖然余直麤枝大葉信手塗抹耳若早遇七薌數年得其指授或者稍有寸進乎七薌之同里雷

君存齋（瑩）一字次廬與余同官淮上工行草亦耽畫學余因雷君得交於七薌又同客袁浦汪氏歐齋中極觴詠之樂別後郵筒往還幾無虛日余有懷歐齋諸子詩七薌其一也既而頻伽七薌及巳山主人先後歸道山撫今感昔此樂不可復得矣

汪小迂（鴻）蘋湖人畫工細山水兼善翎毛花卉亦寓歐齋每歲人日余偕諸同人分韻賦詩小迂有人日題詩圖摶沙聚散每一展翫感慨係之矣

畫之巧拙易辨也其神骨氣韻則惟善讀書人方能會心於筆墨之外郭頻伽與錢唐江聽香（青）皆不作畫而

深諳畫理頗伽云畫論雅俗不論巧拙神氣不清雖雅亦俗痕迹未化雖巧亦拙聽香云虛空粉碎匠心非有成心塗抹胭脂有畫卽同無畫

歐齋主人汪巳山工詩精書法性愛客吳越諸名流下榻其齋極東南賓主之美然待俗客頗峻非風雅士卽踵門投刺謝弗納也家藏字畫皆精絶無贋品主人本具鑒賞又經諸名流所審定者如唐六如之枯樹圖立軸蕭尺木之設色山水長卷皆清超雋妙至米虎兒海嶽圖卷疑是名家臨本未敢信爲眞米然神妙獨絶余有詩云畫家墨法具五色今觀此畫方通神不知是煙

還是墨落紙盡化空山雲山中雲氣互明滅摩盪千山萬山色海水直下天風迴一綫空青變昏黑昔聞吳道子名擅開元朝摩詰翩其舉仙翩神俊本是詩中豪後來丹青推二李未許俗手輕鉤描米家父子變成法小米意匠尤清超袖中東海蛟龍吼七百年來落君手座間狂客兩三人願變春濤作春酒君言翰墨人間傳過眼何處尋雲煙若登蓬山采靈藥與子同拍洪厓肩

郭琴材桐吳江人名父之子翩翩佳士余曾於頻翁齋中見其設色山水宗法文衡山王石谷而不襲前人窠臼余贈以詩有云畫家無常師面目妙能改筆所不到

虛無窮出精采蓋紀實也

頻翁有靈芬館弟九圖余所畫也其弟八圖係仁和蔣君敬所作景色蕭疏老樹一株夭矯簷際沙痕塔影冥濛在望老屋數椽閒其無人其命意之妙用筆之古眞非俗士所能夢見余題詩云平林映帶屋數間畫中意致清而閒天寒無人倚修竹庭戸寂歷門常關老梅一株幹如鐵片片飛花豔於雪寥天月落聲參横何處歌聲訴清切自來佳士妙寫眞能以虛際傳精神亦如詩中有眞我離貌取神無不可覽者毋乃心忡忡白眉未識神仙容（頻伽一眉瑩然人呼之爲郭白眉）庸知此圖有深意匪以翰

墨爲游戲一代爭傳著作才半生未遂用圖計下咏動足便天涯頻伽移居詩句別後寒梅著花未少陵野老諸侯客秋風茅屋吹蕭瑟年年旅食瀼西雲身世飄蓬鬢毛白先生何時歸去來溪流迴綠柴門開鄰翁對飲日之暮日日閒鷗此中住補屋牽蘿事苦辛知君亦是倦游人他年竹樹橫斜外添得林宗一角巾按蔣君字敬之自號採芝生

萬廉山司馬承紀江西南昌人歷宰劇縣有政聲治南河屢著功績爲文章長於奏議詩宗東坡劍南工六書山水愛學米南宮屠琴隝嘗云此數十大墨點學之二

十年不能到廉山何竟得此秘也然廉翁之畫不專學米其渾厚深細處兼有董巨之長丙戌丁亥間余往來袁浦與廉翁時常評畫故知之獨深今其行狀中僅云善學米顛殊未足以盡廉翁之畫境也時吳門孫子和上舍 義鋆 客袁浦與廉翁爲文字交亦工山水余於張芥翁河帥 井 齋中見其設色條幅有西亭風致

畢仲白 簡 陽湖人客遊袁浦辛卯秋與余同寓淮海沈敘軒觀察 惇彝 署中時子和亦在署三人評畫至夜深不倦仲白之畫縱橫揮灑尤長於巨幅

陳曼生大令 鴻壽 錢唐人書畫皆精絕兼長鐵筆余神

交二十年比與袁浦諸君交則曼生已下世矣有龍池紀游圖設色長卷爲巳山作飄飄有凌雲之氣

練川之畫檀園居士松圓老人各以瀟灑宕逸擅絕後代百餘年來名流繼起其爲余所交接者嚴香府外有陳進士詩庭字令華一字妙士嘉慶丙辰從王少司寇述菴先生來游吾婁其畫蒼潤高秀直入司農之室又有張明經彥曾字農聞程孝廉方濟字玉樵邱茂才叔倫字易齋皆工畫若論老輩中自當以香府妙士爲最也

孫鑑堂銓一字小迂崑山人乾隆庚子孝廉司鐸南滙

墨竹宗夏仲昭山水宗黄鶴山樵寫生得白陽筆意亦兼南田法爲成邸所賞余在京師於張鹿樵舍人大鏞齋中見水墨挂屏四軸一爲孫小迂一爲王椒畦一爲李曉江一爲顧容堂四者之中小迂爲最

容堂農部之畫或有過於重滯痕迹未化者曾於屠南塘茂才處見水墨扇頭清超絶俗脱盡恒蹊始知其能事不可及也南塘云此幅雜於廢紙中後檢出重付裝池嗟乎吾人之筆墨其傳與不傳蓋亦有幸不幸焉彼將弃而復存者夫獨非厚幸乎抑亦筆墨有神不可磨滅也

朱青立昂之武進人僑居吳中父文嶸字峻三號西巖乾隆己亥孝廉司鐸興化素工六法青立濡染家學尤得力於惲王諸家余所見扇頭小景筆墨超妙似董宗伯

惲潔士徵君以畫竹著名然山水極清超客游淮陰椶鞵桐帽時相過從一日以畫稾十餘幅示余余盡索取之徵君絕無難色余亦自笑其過貪也徵君工文章喜吟詠世其家學一鉤一點皆讀書人手筆余獨居闃損忽徵君叩門足音跫然則諧笑之聲達於鄰屋不復知日之蚤暮矣

徵君有游天台圖小幅長五寸許極千巖萬壑之觀仙人游戲絕大神通擬之　國初諸老則惟香山有此魄力耳

徵君云古人胸列五嶽故靈氣奔赴於腕下今人墨守成規所畫山木樹石皆如木刻泥塑愈細密愈窒滯矣又云近日江左畫家多祟尚南宗若能於北宗中尋討源流亦足以別開生面余曰南宗固吾人之衣鉢然須用過北宗之功乃能成南北之大家徵君笑而語余曰知言哉

徵君客淮安課讀於王大令趙守戎家皆余所薦也兩

家皆藏余畫幅俱不經意之作徵君謂余曰此雖非君出色之筆然卽此山頭焦墨數大點已在六法中喫過多少苦功矣歲暮假館歸陽湖余贈以詩云暫時分手卽消魂風起平沙暮色昏話别慙無新釀酌衝寒幸有敝裘存依人心事憐彈鋏何日溪山穩閉門春水毘陵催客棹遲君重把舊詩論又有高陽臺一闋懷合肥學博陸祁生繼輅兼柬徵君云淝水三竿淮雲千里蕭然兩片寒氈兒女零丁病魔共此沈綿平安問訊匆匆報不分明事有難言歎空梁燕壘歲歲年年别無吟嘯登臨地只雲尖釣者小住湖邊徵君自稱白雲尖釣徒相見雖稀浹

句來往差便聞渠近得君消息把君詩共展鐙前黯銷魂風也堪憐雨也堪憐

平生所遇畫家甚多然晨夕講貫得師友之益者於徵君外落落數人而已友人以山水見贈余所尤心愛者必有題詠曾題椒畦所贈畫册有祝英臺近一闋云遠山青深樹碧雲氣盪虛白竹石坡邊突兀一亭出正當暑雨初收庭陰落翠忽添得一天寒色問平昔除是梅鶴迂癡同君許分席鑿險穿幽不到謝公屐一片水色天光迷離莫辨只滿紙莽蒼荒率又前調題芝田贈册云米南宮董北苑神似貌能變粉碎虛空獨自闢生面

怪君卧病荒江擢顏鶴立偏落筆這般遒健好東絹寫出如此谿山披圖令人羨猿鳥煙蘿孤負十年願倘許置我圖中結廬小住請補寫板屏雙扇

錢叔美杜號松壺小隱錢唐人山水花卉皆瀟灑拔俗對之如見黃叔度令人鄙吝盡消嘗爲芥航河帥畫太華聞鐘圖是時河帥解組歸秦中圖寓贈別之意渲染水墨迷離隱約有黯然消魂之致題款及詩寫作俱妙余亦題其後云關雲罨靄霜華重華頂鐘聲入詩夢最高寒處悄無人鏗爾鈞璈引丹鳳仙人攜帚埽莓苔我公翩然歸去來鯨魚發響翠微合嶽雲應爲昌黎開綠

野堂中聚朋盍詩聲鐘聲互相答青山舊雨暢襟靈澈玉飛泉聽鏜鞳蓮華青杳翳層陰我欲從之煙水深偶撫蕉桐按絃索爲公手譜還山吟

曩在都門所見宋野雲居士鶴年山水清刻峭拔以能品而兼逸品者也黄左田尚書鉞畫法宗北苑巨然曾於友人齋中見之歎爲神品琉璃廠肆每見尚書所作條幅神氣重滯皆贋作也富陽相國董文恭公畫法得東山尚書之家傳侍直南書房軍機處翰墨皆邀
宸鑒琉璃廠所有者皆是贋品

朱素人本字溉夫揚州人善寫花卉人物兼工山水名

與野雲相埒京師有二朱之目

成盥蓀儁通州人山水以烘染見長惟少枯筆皴擦然其佳處頗近文待詔董宗伯盥蓀來淮客陸春堂從星家春堂與李少白續香同居少白暨其弟芷江友香皆工詩春堂盥蓀迭相唱和每遇文酒游讌盥蓀必繪圖紀之

周曉峯汝璠鄭一峯爲章俱淮郡畫家也曉峯設色小景規摹文待詔意致娟秀一峯縱横揮霍見眞實力量尤長於巨幅二君皆深於六法者吳門所刻畫史彙傳搜羅極富余亦濫厠卷中而二君闕如不能無遺珠之

憾也又如虞山李小霞已見卷中而其父味霞山人未見輯錄其實小霞之畫乃原本家法者也余已裒錄數人郵寄吳中屬朗峯彭君補刻矣海內畫家甚多珊瑚鐵網惜未能遍收掌握耳

一峯有贈朱磵南（紙）設色山水立軸淋漓蒼莽一氣渾淪筆意絕似沈石田

朱澗南字亦僑自號南郭老農先是淮安有熊鶴亭怡善畫牛澗南得其師法水村山郭或寢或訛點綴生動野趣橫溢特不肯輕以與人嘗有某氏持扇求畫漫應之翌日持名柬來促乃大怒曰而亦知朱亦僑平日不

肯爲汝輩作畫乎擲扇還之其人喪氣而去然潤南極謙雅眞率少時爲諸生中年後久棄舉子業余晤見時年已七十餘猶執弟子禮家無儋石口不言貧疏食布衣晏如也

李少白茂才工詩古文詞見余畫心愛之願受學焉余云學畫年過四十恐失之晚少白志益堅請益力乃出其藁相示雖亂頭麤服然不是全無邱壑者因以焦墨竄改數處較之原作頓見精采文人心思何所不至苟鍥而不舍安知異日不卓然成家也

子洤茂才啟山少白之兒子也英年嗜學工古今體詩

所著有扶疏閣集執經於余者數年矣近亦受畫學位置淸楚無冗雜之病異日可許成家凡作畫先講邱壑亦猶作文之先講篇叚也邱壑分明則篇叚成就矣卽宜進之以烘染而氣韻之生動骨采之蒼秀則全從乾筆皴擦中得來善用乾筆則畫之能事思過半矣

齊子治學裘婺源人梅麓太守之子詩學東坡書法宗歐虞畫亦力追元人嘗贈余扇頭設色小景蒼秀有氣骨英年得此詣力未易量其所到

余門弟子受畫學者如戴孝廉嘉德字立齋江西大庾人達孝廉麟字厚菴內府正白旗人此二子天分皆極

高一別數年今歲俱從京師南下順道過淮見訪學舍匆匆即別惜未叩其所學也

雷菱舟騎尉良弼存齋之令嗣也花卉翎毛妙得南田風致其夫人靜莊女史名守箴亦工寫生余嘗見其扇頭作穿花蛺蝶活色生香栩栩然如欲飛去而傲霜秋豔圖絹本立軸尤爲絕妙之作冷豔澹冶脫盡脂粉習擬之惲清於眞未肯多讓也

菱舟好蓄古錢論畫之暇嘗出所藏以相賞翫余已錄數種採入泉史嘗言于役津門道經山左所見頗多異品余屬其廣爲搜訪以補泉史之闕軼果有所得當作

山水巨幛以報之云
畫雖小技然亦須屏除他好如養木雞苦心孤詣上追
古人積至十數年無間寒暑方有進境若鋭意作畫不
及數月功已間斷畏難而憚苦不能於苦中求甘難中
求易堂堂白日去如馳不亦大可惜乎作畫且然何況
文章學問斷無不勞而獲之理虚衷集益勿坐井而觀
天資深逢源毋臨渴而掘井余屢向諸同人苦口勸學
輙曰某爲塵事所累或曰某爲境遇所迫此皆自暴自
棄耳如果立志既定則貧病憂患無適而非學之時也
井竈市廛無適而非學之地也敢書此以爲諸同人勸

谿山卧游録卷三

邑後學繆朝荃重校刊

谿山卧游録卷四

鎮洋盛大士子履著

余友王少尹守甯字建仁號蒨石司農之五世孫也客遊淮上訪余於射陽學舍翦鐙對酒詳叙先澤其行篋中有司農題畫存稾攜以相示亟録數條見司農所以出入百家獨成大作手者天資學力皆臻絶頂非淺學之士所能輕爲學步也　倣黄子久爲曹廉讓作題云筆墨余性所躭習每遇知音不敢輕試輟作常至經年累月稍得安適終未得希蹤古人此圖爲廉讓年兄所作長夏公餘勉爲點筆清況索米時復攖心澁滯從氣

韻中不覺現出何以副知音之請乎書以誌愧　倣大癡爲毘陵唐益公作題云要倣元筆須透宋法宋人之法一分不透則元筆之趣一分不出毫釐千里之辨在此予久三昧也益老年世翁兄文章政事之餘旁及藝事筆墨一道亦從家學得之都門論心深爲契合今將製錦南行矣寫此奉贈請正　倣大癡秋山題云大癡愛佳山水至虞山見其頗似富春遂僑寓二十年湖橋酒瓶至今猶傳勝事吾谷楓林爲秋山之勝癡翁一生筆墨最得意處所謂峯巒渾厚草木華滋於此可見古人之匠心矣余侍直辦公之暇偶作此圖有客從虞山

來遂以持贈質之巨眼有少分相合否　倣大癡爲儲又陸作題云余少年筆墨以習帖括未能竟學自出於陽羨儲夫子之門後方得專心從事又四十餘年矣余猶憶三十年前爲先師作一小幛亦仿大癡爾時腸肥腦滿信手塗抹不知作何境界也近與又陸二世兄聚首都門歷敘夙昔未免有交密迹疏之歎又兄欲得拙筆弆之行囊中以當時時晤言并與前畫一較優劣是必有以教我矣作此圖以請正　倣淡墨雲林題云倣雲林筆最忌有傖父氣作意生淡又失之偏枯俱非佳境立虆時從大意看出皴染時從眼光得來庶幾於古

人氣機不相徑庭矣　倣趙大年題云惠崇江南春寫田家山家之景大年畫法悉本此意而纖妍澹冶中更開跌宕超逸之致學者須味其筆墨勿但於柳暗花明中求之也　倣范華原題云范中立谿山行旅取正面首幛見其巖巖氣象茲取側勢亦是一法　倣董巨合筆巒詩畫中董巨猶吾儒之有孔顏也余少侍先奉常并叔三思翁近始略得津涯方知初起處從無畫看出有畫郎從有畫看到無畫爲成性存存之宗旨董巨得其全四家具體故亦稱大家　仿老米筆題云襄陽筆法得董北苑墨妙而縱橫排宕自成一家其入細處有

極深研幾之妙，得其迹併得其神，則於諸家畫法無微不入矣。康熙己丑，自春徂夏，供奉之暇，仿北宋四家，鍊筆因少陵有示阿段詩，卽以付范侍者石師道人。又題倣小米筆題云：山水蒼茫之變化，取其神與意。元章峯巒以墨運點，積點成文，呼吸濃淡之間，進退厚薄之際，無一非法，無一執法。觀米家畫者，止知其融成一片，而不知其條分縷晰中，在在皆靈機也。米友仁稱爲小米，最得家傳，結構比老米稍可摹擬，而古秀另有風韻，猶書中羲獻也。宋太宰爲收藏名家，聞有米畫，余未之見。爾載年世兄以同里得觀，囑筆亦倣米意。余未經寓目古人神髓豈能夢見以意爲之聊博噴飯可爾　倣梅道人題云筆不用煩要取煩中之簡墨須用淡要取淡中之濃能於位置間架處步步中肯方得元人三昧如命意不高眼光不到雖渲染周緻終屬隔膜梅道人潑墨學者頗多皆麤服亂頭揮灑淋漓以自鳴其得意於節節肯綮處全未夢見無怪乎有墨豬之誚也已丑中秋乍霽新涼與會頗適因作是圖并書以弁其首

倣董思翁設色題云思翁畫於董巨荊關黃趙倪高諸家悉皆入室瀟灑中有精神黷濟中有明秀皆其得力處也予家舊藏有江上垂綸圖係平遠設色用筆純是

古法余變爲高遠摹倣其筆意亦近之但未能脱化耳時己丑九秋九日　倣王叔明題云山樵酷似其舅筆能扛鼎晚年更師巨然一變本家體可稱冰寒於水矣

倣北苑筆爲匡吉作題云匡吉學畫於余已二十年古人成法皆能辨其源流今人學力皆能别其緇素惟用筆處爲窠臼所拘終未能掉臂游行余願其爲透網之金鱗也前莅任學博時余贈一册名曰六法金鍼别七八年名已大成近奏最而來以筆墨見示六法能事已網舉目張若動合機宜平淡天眞别有一種生趣似與宋元諸家尚隔一塵今花封又在中州舍此而去定

然飛騰變化余尙慮其爲筆墨之障也特再作北苑一圖臣吉果能於意氣機之中意氣機之外精神貫注提撕不忘余雖老鈍不足引道然於此中不無些子相合試於繁劇之際流連展翫一曠胸襟則得一可以悟百定智過其師矣勉旃

大横披倣設色大癡爲明凱功作題云余於筆墨一道少成若天性也本無師承誦讀之暇日侍先大父贈公得聞緒論久之於宋元傳授貫穿處胸中知有所據發之以學文推之以觀物皆因此理每至無可用心處間一揮灑成片幅便面無求知於人之心人亦不我知也甲午秋間奉

命入直以草野之筆達於
至尊之前殊出意外生平毫無寸長稍解筆墨
皇上天縱神靈鑒賞於牝牡驪黄之外反復益增惶悚
謹遵先賢遺意吾斯之未能信而已都門風雅宗匠所集間有知我者余不敢自誇亦不敢自棄竭其薄技歸之淸秘以儌捧腹不敢以此求名邀譽也以上數條皆司農隨筆偶書然紀平生之功力開後學之津梁嘉惠藝林厥功甚鉅題贈匡吉一條中云一册名六法金鍼者卽倣古畫册名液萃者是也此册卷面題六法金鍼四字係司農之叔 撰 字巽公其題籤云八十四叟隨菴

撰書是册本贈匡吉不知何時又歸入司農家今爲補石所藏余向有摹本攜至浙東爲友人竊去至今以爲恨事

李長蘅程孟陽畫余在虞山張氏屈氏見之最多長蘅孟陽俱以植品績學重於時與婁子柔唐叔達稱嘉定四先生其畫皆逸品非塵中人所能夢見也

長蘅與孟陽皆工畫長蘅嘗語子柔云精舍輕舟晴窗淨几看孟陽吟詩作畫此吾生平第一快事子柔笑曰吾却有二快兼看兒與孟陽耳在都門孫伯觀雞樹館遇曲中一姬度曲心賞之作一畫相贈姬攜回張室中

海內文人游都門者無不往觀姬遂成名王西樵題長蘅小幅云壓雲突兀一峯蒼石路寒松其渺茫莫怪丹青足詩意詞人解識李流芳長蘅僅一北上遂成名士往來湖山謂可終老不意遽返道山每遘遺墨想見其爲人此條見周櫟園讀畫録

陸子若學欽余之同里故人同登鄉薦若論畫則余之師也余少受業於虞山李味霞山人而拘守蹊徑處子若一一駮正之嘗云學近人畫不如多玩古人畫耳子若宗法奉常司農胸有萬卷落筆皆卷軸膏腴澹於榮利無仕宦心中鄉舉不赴公車琴學虞山正派書法蘇

米古今體詩出入三唐兩宋間年甫四十遽返道山其品格之高峻性情之恬逸余擬之以李長蘅眞如出一轍也

予若有落梅畫册爲悼亡作也其自題云余卧室前綠萼梅一株花時常與內子徘徊其下今年二月六日晨起盥嗽後小立花陰見殘英滿地棖觸悲懷愴然賦之聊成四韻用寫九愁云爾恨煞金鈴少護持哀音無那笛中吹因緣易醒羅浮夢天地難留冰雪姿瘦影本來空俗豔暗香從此費相思穠華讓與閒桃李若問東皇也自疑竹外丰標逈出塵無端萎謝向芳晨舊時流水

空留影以後繁華不是春直遣罡風成小刼可應明月認前身拖泥帶水堪憐汝誰伴孤山處士貧怪來粉墜更香飄悽斷芳魂不可招若有人兮風策策最無聊處雨瀟瀟蘚階狼籍愁難拾紙帳清寒夢自撩悟得瓊姿原幻相漫拈麝墨寫生綃孤懷未肯為花忙獨對殘英意倍傷雪魄不禁春晼晚縞衣猶記澹梳妝昏黃院落悲清角寂歷園林弔夕陽任爾廣平心似鐵賦成容易斷人腸

吾鄉距吳門虞山鹿城嘐城皆百里而近舊家所藏名畫甚多明季迄　國初諸小名家各有流傳手蹟而賞

鑒家皆能別其眞贋余自至淮上則所見絕少淮郡人鹽稱鹺商多藏古畫今已散佚卽其所存者亦多假託宋元題款而實贋品也名畫藏者少識者亦少一江之隔所見所聞已若此甚矣畫學之難言也

奚鐵生性孤介其所作畫必視其人之可與乃與之曾有貴官慕其名延請數四不得已而往則貴官猶高臥未起閽人不肯通報鐵生已心鄙之及相見命家人持絹限以時日鐵生大怒嫚罵之貴官亦怒以鐵生塑於令令謂鐵生宜稍貶往謝鐵生堅不肯往令素聞鐵生名曰吾豈以貴官辱高士哉執轡愈恭卒盡賓主之禮

而去嗟乎此令之賢過於貴官遠矣

粵東文士能詩者兼工畫黄小舟侍御（玉衡）張南山司馬（維屏）及黄香石明經皆深於畫學者小舟寫梅得王元章遺意香石著述甚富曾讀其浮山小志如置身於煙霞泉石間噓吸吐納俱有仙氣古藤書屋中餞余南歸作天際歸舟圖筆意曠逸南山畫余未之見然人皆言其所作與時派不同性酷好松嘗云畫松要於不經意中見極經意處

香石過余宣南寓齋見卧游錄袖之而歸翼日以書來云卧游錄簡括精超之作培芳獲濫厠其間何幸如之

燈下卒業勉題數語未足闡萬一耳吾粵近來工此事者頗多卽如順德一邑斐然成章者指不勝屈如二樵葯房虛舟諸君已往者不計今則如順德之張如芝孝廉南海之謝蘭生庶常皆遠出弟之上弟於此事則戛未夢見也知足下物色人才故略言之西泠許玉年茂才筆亦蒼秀所撰畫品係其弟余門人乃普手書附呈二紙備覽今日卒作送行圖殊不佳以足下嗜痂自忘其醜分韻詩亦並上不足當大雅一粲順候不具培芳頓首

天津劉少白庚以拔萃科貢成均工楷法得晉人風致

一日作數千字妍媚工整絕不錯誤客京師數載曾爲李香雨職方涵作設色畫屏甚妙鎮平黃香鐵孝廉釗題截句云懸崖飛瀉百重泉紙上濛濛欲化煙莫怪出山流太急決渠須灌十洲田桐木十圍棲鳳侶茆屋三間來鶴羣呼僮掃逕露初滴滿地水痕浮綠雲綠楊深處穩棲鴉水榭風亭日未斜曾向苑家橋畔見一羣蘆鴨唼荷花歸雁殘霞落暮砧江頭寒色最蕭森横江一艇渡邊泊坐看霜煙生夕林

己卯初春天氣寒甚都下鐙市人蹤寂寥雪花如掌余日在嘉善黃霽青太史安濤寓齋圍鑪賦詩泊南歸時

雲青太史倩余作山水今已不甚記憶矣鐙下偶檢雲青手牘不勝天末懷人之感其一函云子履足下春闈竣後得意可知即擬過候緣小事牽率當採明足下不出門時再行奉詣快讀高文耳弟大約外典不遠久企妙墨特具絹本一紙本一乞點染兩圖他日衙齋坐對如見故人幸甚惟足下正寫萬言策時乃遽爲此請殊有能事迫促之懼未識可以金壺餘瀋一爲揮灑否外具作圖景色一紙乞下筆時裁之又一函云從者啟行初七之期定否送行詩急就章不佳奈何話雪圖已裝好其圖之右方乞書五古十韻原作留左方弟當自

書和作也賓主前後幸勿以撝謙倒置晚間可否得閒望過我話别何如此問行佳安濤白

顧南雅學士蒓爲人倫師表翰墨亦弁冕名流善畫蘭余嘗作畫蘭歌書於扇頭并寫山水贈之南雅答書云承贈便面妙擅三絶然弟又有請者暇時希將詩意畫一横幅并將此詩録於圖後以爲蕭齋珍翫可裝作手卷乞諸同人題詠不識有此興否此復并謝蒓頓首展翫此書忽忽數年久負良友之請爲歉然也

己卯秋余自都門歸渡江南下篷窗對酒作南徐山色圖倣董華亭設色法淮關榷使長白達公見而愛之索

去借觀未幾榷使移節粤海索之竟不見還此卷別無佳處惟有同人題詠一朝失去甚可惜也猶憶王椒畦題云曾經十度過淮南樹色重重暗碧嵐今日披圖一相憶羨君禿筆老猶堪蔣三島題云雲影松陰翠欲遮石梁山徑有人家清輝似入天台路盡日看飛水碧花煙潯雲嶠圖作於丙子夏日吳門客館中椒畦芝田熙伽諸君皆有題詠是卷屢易藁卒不工然至今猶鍥不舍置者亦以題跋多故人手蹟也

大庾戴可亭相國海淀園居舊爲富陽董文恭公別業有林泉之勝余於己卯初春移榻寓此雪橋公子屬作

園居雪霽圖倣李營邱筆絹本長卷用筆頗合深淺之法惟廊廡亭榭未能工細曾有底藁藏諸篋衍南歸時已失去矣

淮關文津書院林木秀美環繞清漣天長程禹山虞卿主講二十餘年極幽棲之樂禹翁素工詩性愛客余嘗作文津雅集圖并繫以詩講堂中有榷使李公汝枚所作水墨巨障濡染淋漓神完氣足眞傑作也

石谷嘗自題其畫云子久之蒼渾雲林之澹寂仲圭之淵勁叔明之深秀雖同趨北苑而變化懸殊此所以爲百世之宗而無弊也洎乎近世風趨益下習俗愈卑而

支派之說起文進小仙以來而浙派不可易矣文沈而後吳門之派與焉董文敏起一代之衰抉董巨之精後學風靡妄以雲間爲口實瑯琊太原兩王先生原本宋元媲美前哲遠邇爭相倣效而婁東之派又開其他傍流緒沫人自爲家者未易指數要之承訛藉舛風流都盡翬自髫時搦管仡仡窮年爲世俗流派拘牽無由自拔大抵右雲間者深譏浙派祖婁東者輙詆吳門臨纈茫然識微難洞已從師得指法復於東南收藏好事家縱覽右丞思訓荆董勝國諸賢上下千餘年名蹟數十百種然後知畫理之精微畫學之博大如此而非區區

一家一派之所能盡也按石谷此論是康熙初年間風氣耳近日文進小仙無人願學董與文沈法嗣繁衍瑯琊太原江浙皆奉爲正宗學者之趨向不謬矣而筆墨遠不逮前人者總以所見名蹟不多故取材未能宏富耳

余在里門偶見裝潢家有殘畫一束中有黄皆令設色山水扇頭妍妙絶倫余問肯售否答云本係託銷之物余適有虞山之行不及還値且扇頭單款只署皆令二字賈人亦並不知其爲何許人也意此畫未必遽有識者終落余手耳往虞山不數日即歸急覓之則有客從

吴門來見之卽重價購去矣妙畫不易得交臂失之是天下弟一恨事皆令名媛介嘉興才女詩文書畫皆佳絕其夫楊世功未有文名有天壤王郎之感皆令以筆墨供薪水轉徙吴門食貧自給虞山錢牧翁邀至絳雲樓留伴柳夫人教授詩學吴梅村祭酒有鴛湖閨詠詩四律皆令亦有和作附見程迓亭梅村詩箋中詩箋未有刋本余嘗於友人齋中見之今不能記憶矣梅村詩云石州螺黛點新妝小拂烏絲字幾行粉本留香泥蛺蝶錦囊添線繡鴛鴦秋風擣素描長卷春日鳴箏製短章江夏只今標藝苑無雙才子掃眉娘休言金屋貯神

仙獨掩羅裙淚泫然粟里縱無歸隱計鹿門猶有賣文錢女兒浦口堪同住新婦磯頭擬種田夫壻長楊須執戟不知世有杜樊川絳雲樓閣倣空虛女伴相依共索居學士每傳青鳥使蕭娘同步紫鸞車新詞折柳還應就舊事焚魚總不如記向馬融譚漢史江南淪落老尚書誰吟紈扇繼詞壇白下相逢吳綵鸞才比左芬年更少壻求韓重遇應難玉顏屢見驚花度翠袖須愁煙雨寒往事只看予薄命致書知已到長干

近日名家畫流傳淮上者頗少憶數年前有賈人攜鐵生設色山水一軸亦並不知畫家爲何許人也因其署

名奚岡二字故於軸上貼簽云奚岡先生山水余閱之不禁大笑詭應之曰此是近時人筆墨耳還價甚少賈人去疑其必復來也閱數日蹤跡之已爲人購去矣此與黃皆令扇頭同失之於交臂至今悵怏

張船山太守（問陶）四川遂甯人詩名重於海內畫特其餘事也然山水深得古法折枝鷹鳥蒼秀得神余於虎觀齋中見其所畫奇石獨開生面

孫子瀟庶常（源湘）常熟人余在海虞之語溪借味霞山人冒雨扁舟訪之子瀟欣然留宿數日口占一詩見贈云船到柴門老樹迎一身秋雨帶詩情山經我住雲俱

懶琴喜君來壁自鳴舊識兒童顔盡熟暫遊城市路偏生年荒酒味清於水愁對籬花且共傾余亦和韻因率意之作故不存蘂子瀟畫梅得楊補之筆意

譚韶九明經天成一字石舲虞山人余之門下士也爲學官弟子負重名屢赴省試不得志而終古今體詩神似高青邱畫墨蘭墨竹皆工絕

張恂哉家駒弟霞房紫琳皆吳中諸生先世吾邑人父廉夫自婁東遷吳因占籍焉余與恂哉昆季敘戚誼爲丈人行每過吳門必留宿其家所畫山水皆飽觀焉用筆得元人風格霞房弟家駿字坰元工人物

王復齋功後山東諸城人山水能用乾筆爲寶松軒司馬汝鉤畫桃源護城圖因河隄漫口司馬督兵搶護丁夫各持畚鍤司馬東西指揮與男婦奔走驚惶之狀歷歷在目可以繼鄭俠流民圖矣

張傳山百祿直隸滄州人善山水兼工花卉余於淮上曾見數幅皆生峭

儀墨農克中山西平陽人諸生僑寓嶺南工詩文時黄霽青爲潮州太守以國士目之赴京兆試路出淮壖持霽青書見訪索余畫山水小册并贈以詩然未知其工於畫也畫史彙傳中載其畫法宗耕煙散人云

余爲淮上友人作畫少愜意者惟贈趙君瑞卿瑄立軸四幅爲經營慘澹之作然亦祇春景秋景二幅爲愜意耳余素嗜古泉瑞卿贈我如千種皆余未及收藏者平生於金石之學俱未孳甄惟於古泉幣有癖好焉果有瓊玖之投必不吝木李之報也瑞卿篤於友誼性不妄交有古君子風

余好讀乙部書門弟子中惟山陽郝茂才其燮史學甚深同郡人罕有及者余所著宋書補表南北史正例皆郝君所商訂者也嘗索余畫深山論史圖有設色團扇頗佳并擬作條幅贈之惜塵事刺促至今未就耳

凡贈人之畫其題跋皆須親切不泛作渲染煙墨語其題人之畫亦然若詩詞雖佳而與其人不相合則不如不作卽畫亦不能增重也頻伽題余煙濤雲嶠圖獎許太過所不克承然中有云千秋豈與汝曹爭一藝亦必古人友是何等兀奡其題奚鐵生雪泉卷云元詩有淸闊眞若冰雪淨惟其詩格高畫手亦相稱天眞見荒率孤抱此幽負偶作雪泉詩定籟滿淸聽吾友奚蒙泉風骨老益勁坎壈纏終身但博虛名盛詩篇或遜之畫乃幾李孟點筆爲此圖兼以一詩媵流傳歸鷟農得之動色慶大弓已失楚玉環非取鄭圖爲曹氏作今藏景氏摩挲感雲

煙先後富題詠老我閲世久萬事等墮甑祇餘文字交宿昔同性命展卷盪心魂恍如玉山映題詩苦筆弱著語不能硬

余爲頻伽作衆山一覽圖水墨手卷層巒疊巘頻伽高坐於山頂蓋以喻其嶔崎磊落不可一世也題云天風起閶闔吹來此狂客眼因齊魯青頭爲江湖白雖同萬物遊而視塵境窄玆圖劇蒼莽隱現羣眞宅虹梁落彩雙雲橫去天尺身曳青霞被手弄明月魄諸峯皆兒孫何處躡其迹但望最高頂蒼然古松柏

頻伽不工畫而詩深得畫理如七分柳色三分雨二月

行人過秀州明鐙綠酒春如海細柳紅闌水是羅連朝小雨不成雪一樹野梅初着花偶逢舊雨能無酒暫放新晴定爲花皆絕妙設色小景也至天外星光如替月廊邊屧響未霑泥前夜月明今夜雨南山有烏北山羅六萌車走如雷響三里花深奈霧何風瀟瀟時春在水綠愔愔處客思家柳意困如人乍起梅痕瀟似酒全消則畫所不到矣

孔俊峯大令昭杰山東曲阜人初名昭辰後改今名砥行力學粹然有古儒者風至聖七十一代裔孫也官鹽城有惠政去官之日邑中人士餞送者絡繹道左賦詩

贈行積有卷帙其瓢城送別圖余所畫也子三長星廬憲階次繡山憲彝次經之憲緯皆工詩繡山爲余之門下士隨其尊人旅寓淮郡兄弟聯牀拈韻唱酬余爲作淮陰話雨圖水墨册子係初冬景色木葉已脫城堞隱現望郭外帆檣在荒煙苦霧中頗有意致繡山之夫人葆瑛女史朱氏名璵一字小莒嘉興海鹽人虹舫宗伯之女朶山殿撰之從妹也工隸書楊州焦君仲梅春爲寫學隸圖係青綠宮體余擬作水墨寫意法天寒硯凍尚未成也

繡山善畫梅於蕭疏古澹中別有生動之致嘗爲余作

一小幅古幹横斜萬花攢簇蕭然坐對如聞玉真峰頂啁啾翠羽之聲

司馬繡谷少尉鍾江甯人工翎毛花卉寫山水亦磊落有奇氣余見其於此中能事三折肱矣繡谷之妹夢素女史善寫没骨花卉曾繪百蝶圖用筆超妙著紙欲飛閨閤中擅此絶藝尤不易得飛瓊仙馭遽返瑶池惜夫

青浦陸萊臧我耑余二十年前舊雨也以進士起家官閩中屢著政績由大令薦擢郡守今春入都訪余於淮上贈余詩有斷縑詩畫十三秋之句蓋紀壬午六月道經淮壖余以詩畫贈行事也事隔十有三年余不復記

憶而故人之心惓惓若此殊爲可感

張介純大令用熙桐城人余在都門曾訂文字交今官山陽相聚三載氣誼更洽余嘗贈以畫屏四幀其春林曉黛圖尤爲愜意之作

凡索畫者必以巨幅此最不解事而復紙質麤惡屢憎於人殊屬可笑近日扇面迴不逮前人惟浙産尚佳吳下次之白門則斷不可畫矣淮上扇鋪乃金陵市肆中之尤劣者友人索寫山水又不能不強爲應酬此眞畫家之厄也芥航河帥每索余畫必云淮上無佳紙請君自擇略可下筆者爲我一揮不計時日且不必限以尺

寸也自非深知畫學之甘苦者何能作此語芥翁有願游圖二十四幅其峨嵋積雪圖余所畫也頗蒙賞鑑云

李小洲通守賡颺河南鄭州人曩嘗執經於余爲諸生屢試高等未得一第乃循例貢成均遂登仕版小洲善花卉寫生精於鑒賞少當意者獨於余畫有嗜痂之癖年來遠宦西江音書遲滯余所作偶有愜意者亦無從賞析不勝故人天末之思

是編始於嘉慶丙子冬余在西泠寓齋偶爾輯錄明年丁丑入都添綴若干條嶺南黃香石見而愛之辱爲弁語己卯南歸庋藏篋衍未暇增改羈宦射陽忽

忽三載曩昔交游星離雨散而文章翰墨彌戀舊緣煙雲供養更多新侶陽湖惲徵君夙工家學激賞是編頗以元晏自居余乃復取友人評論與聞見所及者並著於篇道光壬午十月鎮洋盛大士識

余年六十餘詩文皆懶不多作惟於畫學嗜之益篤偶檢篋中有舊輯谿山卧游錄始於嘉慶丙子成於道光壬午自壬午距今又十寒暑矣曩者持論猶未盡允洽所遇畫家亦宜增補因復删潤一過釐爲四卷嗣後纂述當爲續編癸巳嘉平十有二日大士呵凍又識

谿山臥游錄卷四　　邑後學繆朝荃重校刊

後序

婁東向推畫藪子履先生熟聞鄉前輩之緒論故其用筆蒼古秀逸出入宋元諸大家所著谿山卧游録裒輯曩聞獨攄心得闡前賢之理趣導後學之津梁兼以舊雨題襟新朋翕羽縞帶紵衣之會琴歌酒賦之間寄逸思於霜毫託遥情於煙墨神仙游戲咳唾雲霞竊謂先生此書度畫家以金鍼與詩話相表裏作者既寓意於山水翰墨之中覽者可會心於絹素丹青之外也彝自隨宦瓢城客遊淮郡與先生爲忘年交癸巳之秋家君命彝執贄於門得受詩文義法畫學尚未能問業惟性

喜畫梅於寫生賦色麤涉津涯異日倘能屏除塵事究心六法循是編以得其用意之所在而與及門戴李諸君共傳先生之學則固所願也道光甲午季春月望日

闕里受業孔憲彝

辛卯壬辰間吾師子履先生以史學數種命燮參校因移榻學舍樂數晨夕論史之暇見先生游戲丹青濡染翰素與之所到尺幅千里燮於此事素未究心惟有望洋驚歎而已先生等身著作六法特其餘事然神明規矩不肯蹈襲時流蹊徑此臥游錄自丙子迄癸巳閱十有八年增删易藁門下士屢勘魚魯至是始有定本燮

雖不能贊一辭而尋繹是書所云七忌三到六長四難之說知畫家宗旨與詩古文詞實無二理即以史學而論年經月緯屬辭比事敘述詳析體例精審亦猶畫家之淺深遠近無一繁複色不礙墨墨不礙色也提挈綱領沿討源流論世知人旁通曲暢亦猶畫家之峰巒拱揖泉石迴抱色中有墨墨中有色也然則作畫者若欲游乎象外得其環中勿泥成法勿趨時好則必胸有數萬卷書方能縱橫揮霍投之所向無不如志而不僅求之於一邱一壑間已先生蕭然一廛門無雜客惟問字者屨滿戶外而燮執經最早受知獨深每有譔述皆得

與讎校之列故敢忘其檮昧而附綴數語道光甲午孟
夏山陽受業郝其燮

勿憚改齋唫稾

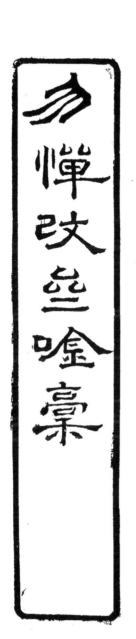

太倉顧衲書徵士著

勿憚改齋吟稾四卷

東倉書庫叢刻之

同里徐啓穆蘭生繆朝荃蘅甫
錢溯耆伊臣官校穫金君員女交訣
助梓王藻淋負宋署檢光緒
十三年秋七月刊成

胸有感觸借題發揮自覺情眞語摯古近體各擅勝場不名一家林艾軒所云丈夫見客大踏步便出去不似女子有許多裝裹差爲近之加以才力當於玉山洗桐後另樹一幟道光辛丑春三月晝谿弟錢日銘

歸自吳興家雪堂彙其辛丑以後所作眎予卷帙雖簡體裁具備旨味渾厚機趣橫生洗纖穠之習返正始之音實能窺古人之奧阼非略涉籓籬者可比也君少歲多疾中年絕絃入其室藥鑪經卷比之右丞閒居而酒酣議論時屈其座人故其詩斂而固之千鍾百鍊而出不工不止予勞人也勞者之歌抒寫羈屑而已君顧嗜

之閒爲予點定數字輒不可易讀君詩豈止三舍之退
避哉丙午夏五月予雨弟晞元拜識

點筆破塵俗詩才迴絕倫玉山分舊派金粟證前身漫
說穠而豔當知澹更眞梅花香滿座吟罷覺淸新元和
芥楣朱淸壽題於婁東學舍

承示大著循環雒誦其中七古擅勝處圓轉淸媚如永
叔挺秀豪宕如遺山皆耐人尋繹五古五律儘多見道
語此非空疏淺卒者所能效顰也不揣檮昧斗膽塗鴉
并參肊識可存者題上標以墨圖未知有當一二否還
期大雅教之庚戌元宵後三日雪蕉弟黃錞拜識

余與顧子雪堂數十年紀羣交也近又衡宇相望昕夕過從榆社倡酬牋札稠疊特未窺全豹耳今年夏余病傷足不良於行雪堂頻頻過問因出其勿憚改齋吟草見示南窗三復鬱抱頓攄始信陳琳檄之可愈頭風也詩經雪蕉黃君點定評隲不爽余又奚贅焉癸丑秋初

補巢王曾茂拜讀

先生落拓入中豪俯視一切如鴻毛酒場詩國任游敖興酣落筆五嶽搖今春邂逅挹芝之標笑談欬唾珍珠拋追陪杖履末座叨傾蓋歡若平生交新詩一卷吟瓊瑤眎我不啻詢芻蕘攜歸快讀銀釭挑調高響逸婉雲璈

大含細嚼味曲包百回不厭生貪饕知君坎坷半生遭
俯仰侘傺首頻搔自幼搆疾已無聊那堪中歲摧絃么
續竹斷竹魂暗銷殘鐙閃閃夢難描差喜壎箎響協調
懷中羣季皆英髦名場跌宕爭聯鑣舊家門第何岧嶤
近來境遇頗飄蕭衣食奔走瀾塵囂迢迢百里背江潮
仲兮趁此去吹簫叔也天涯游輿饒辭家廿載遲歸橈
伊誰相與守衡茅惟賴弱弟家同操煤逋米券粗理料
一樽對飲情陶陶無端驀地罡風飆玉樓遽赴修文招
愁懷百結何以消欷歔時復濡吟毫知音舉世嗟寥寥
爨桐挂壁尾半焦多窮少達例吾曹生涯僅此詩一瓢

敬陳諷語等童謠請安瑣瑣勿焦勞神仙富貴未可邀晚情宜向醉鄉逃況今海内兵戈塵警傳風鶴情驛騷何如有酒且飲詩且敲迂顛狂怪一任世譏嘲妻梅子鶴相其伴吟巢心香一瓣願祝春秋高長歌奉呈郎題

勿憚改齋集後紫薌吳嘉復

詩以言志士不得志於時則託之詩以寫其志而世道亦賴以維持故詩又言持雪堂先生士之不得志者也胸中壘塊時時以酒澆之酒酣耳熱有觸於懷輒作大聲之呼人或比之灌夫駡坐先生亦自嫌其刻露歛而就範發爲詠歌本之温厚和平以平其不平此勿憚改

齋吟草之所爲作也嘗謂人生世上忠孝節義皆一情之所爲固結人而無情不可以爲人并不可以爲詩今讀集中自題曝書圖及倣少陵同谷七歌情眞語摯幾於聲淚俱下非至性過人者不能道其隻字至集碧玲瓏館塵世徒營營立身貴自愛兩韻先生之勵品可知言者無罪聞者足戒矣他如折漕謠之安分自足虛飄飄之觀空悟道典雅則棘門霸上皆游戲石城空笑彥回生豪放則興酣拍手忽大叫月明驚起城頭烏爽朗則嬉笑怒罵皆歡娛劉伶阮籍皆吾徒超曠則浮雲世事倏變幻何如沈醉花陰邊諸句皆其言志以持世者

也而限隱字韻之世路多崎嶇一醉視朝槿且學莊逍遙休問韓孤憤二十字又通集之注腳非所云言志言持本之温厚和平以平其不平者耶瑞玉名璐蹭蹬如先生而焦尾之桐幺絃再折鰥獨之況亦復如之讀寒鐙煢煢手一編舉杯邀月月不圓句勝聽河上之歌所不同者窮過先生而詩且未工雖嘗言志未免如小兒學語不足以維持世道耳珠玉在前頓覺形穢此之謂矣咸豐四年歲在甲寅冬十二月靄人殷瑞玉拜跋

十子才名噪君家宗派長由來盛文學今復見雕章善病非因酒能詩不解狂一編商略處相與話滄浪鑿斷

精研日眈吟守故廬休嗤生計拙常共俗人疏而我亦無子多君能讀書同嗟身世老蹤跡溷樵漁乙卯三月望日耳山弟趙兆熊拜題

洗桐軒畔逢詩老身是清門舊子孫孤彰幺絃人不解鵑花紅上辟彊園樂府新詞唱董逃申江哀怨咽飛濤深杯百罰君能飲醉後人傳讀楚騷乙卯春暮雄伯姪畢庭燕謹題

五古遒鍊似韓七古排奡似蘇近體清新俊逸丰神絕世視前集進而益上矣南園吟社中固當讓君一席丁巳二月既望弟錢日銘拜讀時大梁初歸

伏讀大著洋洋灑灑吐氣如虹一掃疲輭膠轕之習非得力於韓蘇諸大家烏能有斯純詣辱承下問不揣狂瞽僭爲加墨并參肊見未識有當高明否丁巳八月上澣弟黃錞拜跋於碧霞山館

大著五古縱橫跌宕有典有則七古踔厲風發於蘇詩爲近排奡中兼疏放之致當入逸品律詩流麗端莊絕句天然蘊藉均深欽佩集中佳妙雪蕉先生評之詳矣不再置喙閒有獻疑之處因尊諭諄切未及芻蕘管窺蠡測誠恐無當高明云戊午上巳前一日弟趙兆熊拜跋

參[illegible]古文[illegible]附考題跋

勿憚改齋吟草目錄

勿憚改齋吟草卷一

辛丑至壬子

太倉顧師軾景和著

禽言二首

得過且過得過且過彼得過時我亦過世態炎涼都看破儘忍了寒儘忍了餓莫逐泥塗徒折挫飲啄只自謀綢繆計亦左雞蟲得失幾時休一枝之巢足高臥今朝又是一年春得過且過

行不得也哥哥行不得也哥哥前途荆棘多無計芟除將奈何近來似鬼遠來似魔欲行不行成旋螺得一寸鐵誅茆刈楚便不蹉跎頃刻營成安樂窩脱卻布袴儘

自婆娑休再說行不得也哥哥

南園老梅名一隻瘦鶴舞辛丑三月二十一日爲大風雨吹折弔之以詩

神仙怕留刼後身解脫凡骨遺紅塵金丹本非不死藥飛昇長謝園林春太傅歸來留手澤東山高臥耽泉石縞衣綽約夢闌珊鶴書迢遞江南驛生成骨相太離奇孤影寒香逗短籬恰似黃花消瘦甚春風吹到其題詩尚書訪舊來江國宵深話雨復潑墨巡檐索笑嗅無聲摩挲此樹三歎息花木平泉轉眼非調羹事業付斜暉春來猶作氍毹舞重扣詩人白版扉謂王竹娛先生吁嗟丁令

悲城郭梵磬詩筒並寥落道人繼起禮金仙修眞好佯故山鶴嘉慶戊辰白石道人創建鶴梅仙館供奉呂祖獨立蒼茫三百年幾經滄海變桑田癯顏玉骨半皴蝕風雅南園賸一編先子當年觴詠地彷彿蘭亭傳韻事道光壬午先君子集同人南園禊飲繪有橫卷題詠甚夥披圖重問古梅花橫琴空灑相思淚鶴梅鶴梅何處去參橫月落悄無語鶴梅鶴梅魂歸來江城風雨笛聲哀虬枝摧殘委莓苔窗前空認崑明灰華陽仙人去不回誰歟瘞爾孤山隈

癸卯元宵後一日錢中丞存素丈寶琛招集隆福寺弇西精舍有懷弇州尚書

知津橋畔春波綠訪春有客傾春醑祇樹林中結勝緣
絕似當年蘇玉局鳳洲別墅搆名園城市山林避俗喧
罄玉峽空詩尚在漱珠淵廢記猶存尚書事業冠今古
忠孝文章傳四部讀罷莪詩淚未乾羣烏啼徹門前樹
當時七子競才名王李同聲迭主盟詩筆高華唐大歷
鴻篇渾噩漢西京文人門戶分同異袒左袒右都游戲
震川書院尚書祠千秋並峙鄖環地離贅澹圃換紅羊
遙憶風流綠野堂百八梵鐘聲寂寂一龕香火問殘陽
尚書祠在寺西燕許當今大作手午橋觴詠耽詩酒蕉荔空餘
曠代思中丞將修葺尚書祠三百年來企山斗招邀朋舊聯孟韓

蓴鱸鄉夢縈江干維摩室轉三三徑景物圖消九九寒
魚龍百戲春鐙試太平鼓吹豐年瑞佛殿長明學士檠
迢迢永夜憐紅穗隔林有鳥喚提壺消息梅花夢有無
酒闌人散月初出輞川一幅天然圖

送徐秋士丈元潤之官秦中二首

關河重問謝巖阿來聽秦中五袴歌定許片言工折獄
不妨上考拙催科頻年白社聯裾久此去青山勒石多
預訂歸田須及早鄉邦文獻待編摩瀕行以柈亭先生詩集付刊囑爲讐校

追陪杖履略寒暄觴詠南園復藕園覓句推敲師一字

冠篇稠疊貺千言蒙撰先君詩稿序及拙著吳祭酒年譜序贈行誼古留圖
畫錄別情深問酒樽伯瑜中丞邀集存素堂餞行並繪蘭園話別圖攜得輕裝
書萬卷盤龍仁壽試重論丈藏古鏡甚夥著有銅仙傳

存素丈招同王補巢丈曾茂李松谿汝華少峯汝嶠家子雨晞元暨令弟子英丈寶瑛蘭園消

寒限曹字韻

峭寒釀雪朔風號館敞平津闢彩毫自有勳華媲褒鄂
卽論詩句抗劉曹神仙殘夢三山遠壇坫才名五嶽高
戰艦已閒官稅薄且拚一醉貰村醪

前詩意有未盡復作長古一章

摶沙散雪皆因緣佛說如是眞眞詮攢眉入社苦縛纏但參米汁非枯禪劉伶之鍤畢卓甕酒徒日日相周旋撼窗風緊酒鑪熟粟膚寒聳詩人肩吾人會合不易得姓氏要自三生鐫坐中有客呼謫仙酒飲一斗詩百篇北轅南柁久契闊握手話舊情拳拳浮雲世事倏變幻何如沈醉花陰邊狂呼嘯傲忘主客形骸脫略天則全雪鴻留取爪跡認蘭亭圖畫人爭傳（席間囑松谿繪圖）我生苦被病魔擾蕭齋冷寂餘茶煙妻梅子鶴兩清絕學仙學佛亦偶然寒鐙熒熒手一編舉杯邀月月不圓城南梅墅欲雪天提壺取醉消殘年

題少桓弟師榮貰酒圖三首

有鳥喚提壺招邀舊酒徒杏花村店路愁煞負新逋債臺自成佳話米汁亦參味禪試問劉伶荷鍤何如姹女數錢

未能免俗聊爾爾欲澆塊壘有如此勸君飲酒還讀書或取楚騷或班史

集碧玲瓏館限茶字韻

婁江古詩藪壇坫互興廢龔曾之胡如村集散亡風流緬記載桑民懌徐昌國並專家詞壇壓流輩弇州四部稿大文雄一代梅村老益工才名傾海內沈白漊唐東江衣鉢紹十子

競津逮吾家抱桐老拔戟自成隊光祿沈敬亭古醇儒清風峙泰岱郎論正始音長安許竹素沈配交獻賴綱羅詩派陳編在大雅久不作誰爲主盤敦卓哉龍門開功成樂恬退藾園振風雅舊雨集劍佩踏雪過山齋論詩得大概酒鑪活火紅酩酊忘故態廣文今劉伶百壺澆壘塊塵世徒營營立身貴自愛厲此歲寒心滋味試咬菜

存素丈招集問梅禪院限隱字韻

冷宵鯿縮項渴思酒潤吻酒場許追陪城南咫尺近不憚踏雪勞卻勝買山隱陶公傳三笑坡老窮五蘊臭味聯苔岑山廚飯葵堇竹根足醫俗犀角亦去忿世路多

崎嶇一醉視朝槿且學莊逍遙休問韓孤憤

丙午正月二十日李少峰移樽蘭園消寒卽次元韻

春陽和靄春泥融軒窗面面晴光烘提壺挈榼展良會但覺滿座生春風佳味奚啻列齏鱠美酒底事沽新豐園林得主自生色靈傑恰與香山同是日爲白文忠公生日俯仰千古能有幾至今落落峙華嵩自昔九老有圖畫鐘鼎收拾山林中潯陽琵琶增感慨會昌德望推公崇遙遙曠世動懷古引觴時復呼詩翁一編大集號長慶惓惓忠愛情無窮酒場跌宕露狂態長鯨一吸忘三公矇矓

醉眼不解事射人敢詡黃金幢歸來擁絮酣睡足夢覺又報朝暾紅

集寒谿書屋有懷寒谿先生

樊村涇畔多名賢結鄰王顧相周旋先生與王戒庵先生居涇西家殷重先生居涇東時稱樊村三隱當時遺老講學處至今賸有寒谿泉寒谿之水淸且漣先生於此拓數椽貧居自得孔顏樂簞瓢屢空心陶然山齋十老同抗論剖析理欲窮人天滄桑百感集胸臆閉戶著述疲丹鉛百年遺址埋荒煙斜陽歸烏寒無邊何時改作蕊珠闕旁爲碧霞元君廟都人頂祝春風顚先生不學佛與仙恰於香火留夙緣王君涪之

記樂石鐫儒與仙佛同流傳

閏五月二十六日同錢畫谿日銘家子雨暨少桓弟淮雲寺避暑用杜集游何將軍山林韻十首

何處能逃暑行行度小橋壞垣多沒草老樹半干霄欲結泉明社奚須惠遠招山陰留淨果兀坐足逍遙（寺為元提舉善夫先生捨宅所建）

自挂名僧錫（寺創於元大德二年延了通禪師主之）旃檀遶益清檐前無愉鴿林外有嗁鶯講座蟠松蓋香廚飯豆羹金蓮何湧現想見踏花行

法炬初燃日，韡紋證辟支。慈雲常繞舍，德水自成池。靈運前身是，梁公曠代知。不堪興廢慼，榛棘幾離披。

松雪游蹤熟，當年燦筆花。荒原喧鳥雀，古殿蟄龍蛇。墨妙亭難問，詩狂興不賒。陶辭與韓序，何事奪僧家。今學宮趙文敏石刻二種爲墨妙亭中故物

祇林衣鉢紹，幾度法筵開。謂若海潮音諸禪師妙諦宗迦葉，禪機悟熟梅。水流花自放，雲去月還來。指點殘碑在，摩挲剔蘚苔。

昔賢開講幄，問答沸言泉。陸桴亭先生講學於此著有淮雲問答絕學千秋任，儒宗一綫繇。漫同栽柳宅，安用買山錢。太息風流

渺誰爲障百川

樂和迦陵鳥心淸篤耨香鈍根能解慧熱客亦生涼妙手不可作名山無秘藏劫灰憐一炬我欲問蒼蒼寺中多藏趙文敏及宋元諸名家書畫又有水陸道場佛像百二十幀皆名人手筆嘉慶乙亥藏經閣火盡爲灰燼

山公閒載酒爲訪白蓮池興至聯裙屐狂來倒接羅經文繙鹿女梵語譯獅兒金盌有時出寺僧出示善夫先生壙志云是鋤圃所得何如荷鍤隨

仙吏歸來未相思隔暮雲先君子屢偕周雨蕉丈讌客於此會議重修未果低徊追往事商略拾遺文蕩漾波三折蕭疏竹二分禪房茶鼎沸揮麈論紛紛

梵磬聲將歇荒涼可奈何布金隨處是托鉢古來多秋末樵人唱斜陽牧豎歌幾時一莖草摩詰許相過

存素堂席上詠枇杷限麴字韻

色侔金三品相圓珠一斛盤同林檎盛香噴黃梅熟東溪樂天賡盧橘相如復類或焦子分秀讓蠟兄毓主人羅珍羞果實試品目桃嗤曼倩偷棗任杜陵撲楊梅似蜜甜香橙借酒漉笑指洞庭產曾入桐君錄丸綴萬顆稠氣具四時足大含味回甘細嚼齒留馥紅輸鮮荔深酸使金橘獨風味故自佳年華不可復清談啜茗殊薄醉枕糟麴新詩許長吟古畫重展讀春風藹然溫醇醪

旨且沃欲把琵琶彈一寫我心曲

自題曝書圖時五十初度即以書懷

臥病三十載巾箱久塵封中有祖父書半已飽蠹蟲長夏發清興啟篋理殘叢牙籤分甲乙斜陽射簾櫳客問所以然請爲陳苦衷弱歲弄柔翰壯志乘長風能得父母歡期望非凡庸一朝患奇疾藥石難爲功當世無盧扁束手方書窮我父慨然歎童烏嘲楊雄旋受異人術黍谷春重逢詩書令抛棄氣質令陶鎔誨之習吐納教之學聾聵繩牀裊煙碧藥鑪試火紅跏趺面壁坐萬緣心皆空計年二十九倖得廁黌宮父時方抱痾顧我青

雙瞳書香續一脈寒氊慰哀翁轉瞬痛椿樹六十天年終門鮮期功親負荷付邈躬摒擋良不易弱弟猶童蒙負郭既無多矧復值歲凶世路歷險巇家運遞窮通一木支大厦力竭呼蒼穹兩鼓莊生缶孤鐙閃殘冬木石縱無情淚迸寒衾中把酒時醉倒澆此塊壘胸春暉渺難再綫滅當年縫白頭井臼操菽水愧不供愴懷蓼莪詩讀罷心忡忡有弟客遠方矯首盼鱗鴻壯游雖云樂不如理歸篷俯仰增百感恨欲愁城攻去年生阿宜抱之歌維熊敢詡李袞師漫說鄭小同繪圖抒蓄念雙鬢嗟蓬鬆忽忽知非年誰歎憐爨桐豪氣幸未減百尺追

元龍上思紹德芬下思繇治弓此圖質同志此意告祖
宗

題李松谿六十小影

人生莫爲禮法拘談空說有眞迂儒人生莫爲詩書愚
尋章摘句嘲村夫我友松谿古奇士品格自與常人殊
名繮利鎖謝束縛敝屣軒冕輕錙銖忽爲阮狂忽嵇懶
今人與居古與徒有時龍眠作狻猊一匹東絹雲模糊
有時潮也逸興發八分二篆工臨摹愛尋山水健腰腳
旁人翻笑飢來驅詩壇酒國任跌宕版籍懷葛心黃虞
年過六十神清臞嬉笑怒罵皆歡娛一幅笠屐師髯蘇

卻與野鶴閒雲俱優游歲月屆耆耇請君自寫香山圖

題宋芥楣師清壽叟水歸帆圖二首

制科法古煥新綸海內爭求珥筆臣見杜預舉賢良方正表漢室賢良推董相晉朝門第數王珣長亭楊柳剛吹笛水國陰晴又餞春應

詔遄征償夙抱祝公安穩坐蒲輪師舉孝廉方正應徵入都

飛飛蝴蝶繞階前喜得官閒守一氈模楷久孚鄉國望耆英原借畫圖傳鶴巢經訂名山業師近刊鶴巢經箋二十卷鴻爪詩聯白社緣愧我立殘門外雪不堪重話秣陵煙屢促應省試以目疾不果

倣少陵同谷歌哭少桓四弟七首

兄弟四人汝最少情性與我殊靜躁幼孤相視悵伶仃
賴汝善博慈親笑佐我支門廿六年一朝撒手事難料
嗚呼一歌兮歌正長荆花零落摧衷腸
頻年水旱値歲荒無多負郭鮮蓋藏料量租稅殊草草
冬來無米輸官倉催科之吏猛如虎相與倒篋還傾囊
嗚呼二歌兮思往事平生恒苦不得意
熱腸豪氣有父風愛與名下聯游蹤春秋佳日展良會
不計北海樽罍空貰酒一圖足傳後珍重卻與楹書同
嗚呼三歌兮歌未已披舊圖兮雜悲喜

汝婦入門歌靜好與汝偕隱期偕老伯道無兒累總輕
無言默默傷懷抱胸中塊壘仗酒澆誰知一醉愁難掃
嗚呼四歌兮歌益哀令我涕淚如珠來
阿兄兩賦黃門詩蘆簾紙閣空增悲仲兮有子把爲子
日與癡叔相娛嬉倚牀領我似續議傷心欲訴無他辭
嗚呼五歌兮聲淒切拜靈前兮衣如雪
治生不善家日貧一鐙夜話多酸辛況予碌碌年半百
枯荄無術能回春知汝體我心力瘁放浪自詡無懷民
嗚呼六歌兮恨無盡詩夢斷兮酒星霣
人言麴蘖能傷生憐汝夙負劉伶名我今愁腸百端結

商量只有壺觴傾慈闈棄養逾十稔一身視若鴻毛輕
嗚呼七歌兮陳絮酒魂兮歸來酌大斗

勿憚改齋吟草卷一

世再姪繆朝荃校刊

勿憚改齋吟草卷二

癸丑甲寅

太倉顧師軾景和著

和錢畫谿學圃漫興元韻四首

小試經綸學治畦栽培花木滿窗西石牀位置支頤便瓜架參差壓屋低濁酒三升明月共遠山一角白雲齊君工繪事敲門卻軌饒淸趣怎奈秋風急鼓鼙時嘉定土匪滋事

閒話逍遙坐豆棚客來不速屣逢迎未工問舍求田計甘託攜鋤抱甕名雪後麥苗占稔熟霜天菜把算奇贏牆東高隱無聊賴欲學韓康姓氏更

蘊藉衣帽倣布韈苔痕緣砌藥當階每因舊雨抒愁緒

牘有新詩遺病懷並急租庸紛冊籍春間曾奉恩詔而各州縣徵收如故屢呼庚癸促旗牌大吏委員四出勸捐助餉笑他一輩輕肥客猶飭中廚進巽鮭

少壯經傳敝縫紗暮年學灌楚亭瓜狂來欲荷劉伶鍤夢裏時生江令花世味酸辛嘗已透羽書旁午路還賒君欲作中州之游以兵阻不果滄江牘幾閒鷗鷺相約同披法朗裟

徐烈婦詩六首

烈婦崑山李向初女嘉定徐欽南妻咸豐二年四月初四日殉夫自經死年二十九歲無子

徐烈婦李氏女至性過人足千古長繩畢命從所天奇
行欲教金石鐫
徐烈婦善事親舅總櫛縱鳴雞晨德象數篇夙所肄少
小自能明大義
徐烈婦善相夫但恨堂上尊章無鹿車對挽盡婦道倡
隨白首誓偕老
徐烈婦夫病篤焚香願代吞聲哭誰知籲天天不聞拚
以一死酬夫君
徐烈婦一腔血淋漓有痕不可滅烈婦視身輕鴻毛巖
巖泰山高復高

徐烈婦名不朽芳烈一朝騰萬口輶軒採摭達
九天煌煌綽楔光重泉

虛飄飄四首

虛飄飄繡戟金張列牙幢許史標薰天氣烜赫列土態
矜驕扶風邸舍埋荒井沁水田園唱晚樵虛飄飄古來
權勢難堅牢
虛飄飄袍笏汾陽滿珊瑚衛尉饒八騶喧紫禁萬貫侈
黃標章平王謝家何在猗頓陶朱業亦消虛飄飄古來
富貴難堅牢
虛飄飄子雲誇問字司馬詡題橋有文皆錦繡無字不

蘭苕醬醅覆時徒自苦上林賦就亦無聊虛飄飄古來
文譽難堅牢
虛飄飄笙歌金屋沸琴瑟玉臺調博議東萊著蛾眉京
兆描奉倩絕絃神慘切莊生鼓缶夢逍遙虛飄飄古來
伉儷難堅牢

折漕謠四首

南漕之弊紛難言大吏畫策試改絃紳士齊民價不二
一石輸官錢四千煌煌令甲下州縣黃童白叟胥歡顏
陋規津貼革除淨一朝與民解倒懸願囑士民相爭先
急公踴躍早清完

三城陷賊賊未平海濱又見蟲沙爭瞋目一呼賊膽落
髑髏血灑刀槍鳴春申江邊築營壘東倉城外安春耕
蠲租有
詔恩澤溥茅檐負曝慶更生烽煙已息賦斂薄謳歌幸
勿忘長城謂州牧蔡公
貔貅十萬軍聲雄資糧屝屨紛紛供秋糧夏稅民力竭
持籌委曲為彌縫天庾豈不貴粟米怕聽庚癸呼江東
今年漕比去年減輸將休惜空囊空長官催科計無拙
斯民良莠各不同
折漕之議議益歧折漕之令今不移輕齎自昔有成法

欲起凋瘵逢良醫稻香又復多歊望農有餘粟羣驚疑吁嗟八心苦不足得覩熙皡知何時祁寒暑雨多怨咨我聞一笑姑置之

題吳紫蒓嘉復廬山小隱圖

平生未結山水緣名繮利鎖多拘牽披圖令我豁心目仿彿身在匡廬間吳君才調何翩翩能詩愛酒情陶然窮居厭看俗塵累勝游拚著青行纏廬山瀑布流潺湲聽之時聳雙吟肩天風江月自千古賸有好句追青蓮多君才似眞珠船羨君跡似閒鷗閒我將誅茆瀾溪邊與君飛觥鬬句日日同流連

潮音庵紅牡丹歌

洛陽三月花如海芳菲競翦隋宮綵金谷繁華總是空
姚黃魏紫今何在縱橫十笏創精藍六國帆檣駛海南
火齊木難奇異集滄江風月客停驂南渡桃花春滿塢
紅霞紅雨紛難數滄桑刼後夜潮乾零落仙源罷歌舞
別有空王寶相花一叢錦繡鬬紛華根荄洵是優曇種
富貴原宜宰相家黃閣手裁建儲議丹詔三徵促車騎
鶴瘦相期伴歲寒鹿銜底事陳符瑞名僧飛錫路巘巇
纓絡莊嚴佛日垂鉢呪金蓮成世界鐙燃多寶煥琉璃
一莖插草神通大迢迢雪嶺煙霞外留得金剛不壞身

絳雲長共花蟠蓋獨殿春光幾百年丹砂句漏妙爭傳
玉盤難比奇葩豔金縷休誇國色妍花開花謝等閒度
粥鼓齋魚自朝暮薝蔔林中結淨因霞光掩映珊瑚樹
寂寞禪房一徑深名花久惜少知音南園風雅今消歇
重付詩人子細吟

題婁東十老圖和畢雄伯庭燕韻

德業互考課仁義夙戴抱相期會山齋何事游宵窕滔
滔瀾迴狂落落氣養浩同心皆隱流肥遯從吾好禮樂
與兵農古今共探討淮雲拾遺編頑潭賸叢稿隱微常
兢兢心事同皦皦鴻冥謝繒繳蚓廉勵枯槁飢餐首陽

薇品植商嶺草披圖古貌存卓然人倫表海東起貪懦指南傳性道末學企斗山瓣香爇龍腦遙遙二百年丹青洵可寶姓氏列逸民衣冠認遺老

題陸憩雲（蘋棠）小影

陸子瀟灑清且臞少年蹀躞千金駒（梅村句）撐腸拄腹五千卷元龍豪氣吞江湖文章有神交有道（杜句）酸鹹嗜好與俗殊紀羣訂交密蘭契論詩說賦毋牽拘一樽相對吐肝膽丈夫幸勿嘲迂儒讀書致身恨不早南轅北轍紛馳驅千將出匣錢中選壯志直欲淩天衢一朝桂林盛豺虎烽煙到處驚萑蒲京洛爭名亦何事歸來高臥

東海隅俯仰身世苦局促典衣不惜村醪沽歡場痛飲
露狂態往往哭倒長鬚奴興酣拍手忽大叫月明驚起
城頭烏知君塊壘無時無憐予忽忽蒼髯鬚太息世路
多崎嶇白衣蒼狗容模糊有書一廚酒一壺勸君聊復
爲歡娱花閒有鳥呼提壺劉伶阮籍皆吾徒心胸開拓
德不孤渾忘故吾與今吾毫添頰上何爲乎

和王補巢丈重九口占韻

一林紅葉夕陽天豔似春花亦爛然酒可忘憂常酩酊
門貪過客懶扃鍵新吟屬草拈唐韻舊學研經訂鄭箋
願祝長年腰腳健閒攜篠杖謝扶顛

補巢丈壘韻見示賦此再答

秋風吟徧泬寥天獨坐空齋思渺然烏懶棲枝桑戶寄僧慵退院寺門鍵故交落落多如水冷社紛紛競擘箋每苦鈔詩勞阿買學書未就愧張顛

夜坐二首

斗室一鐙炧淒涼觸舊愁傷心似飢雁只爲稻粱謀

猶子爲吾子嬌癡劇可憐之無荒夜課使我不成眠

有感三疊前韻

淼淼江流塹限天謀疏曲突致薪然誰將覆轍懲前鑒強飾虛車只外鍵累卵安危餘酒琖處堂身世付吟箋

壯心自忖消除盡覽鏡空嗟雪滿顛

漫興四疊前韻

人生蹤跡儘綠天（梅村句）此日移居倍惘然（近居育嬰堂故云）雞肋功名憐久誤蝸廬戶牖悵新鍵孤鐙黯淡詩題壁夢草淒迷淚灑箋（少桓弟沒二載矣）碌碌勞薪竟何似笑同柳絮逐風顛

倒疊前韻答畫谿

絕似倪迂與米顛偶來潑墨寫蠻箋場餘秔稻農稱慶室祇琴書戶不鍵消息君平難預料姓名韓伯故依然自憐詩興頹唐甚瀟灑輸君坐綠天

有懷疊前韻

卅年磨鐵雪盈顛每讀奇書費疏箋涉世久憐同枘鑿論交嚴似設關鍵酒懷略比陶元亮詩句難追孟浩然遠道加餐遲尺素一聲雁唳望南天不得三弟家書十閲月矣

長至前一日存素堂消寒第一集分得七古限一先韻

酒星閃閃夜亘天酒鑪新試活火然消寒九九展良會令我未醉先流涎東山養望十五載不矜鐘鼎耽林泉南園風雅久不作主盟壇坫分吟牋招邀舊雨劇歡讌花南水北同流連自從奇荒值己酉蕭條白社餘寒煙

鄉闗況復逼征鼓俯仰身世無安全搔首明月幾時有
沽酒搜索空囊錢一朝催詩打門至忍寒拚聳雙吟肩
素心三五動懷古不與時俗爭媸妍醉鄉跌宕聊自遣
撚髭擁鼻消殘年願攜襆被南城偏歲寒長結梅花緣

題殷靄人瑞玉三生禪夢侍香圖

醉來往往愛逃禪黯說靈山會上緣幾見維摩圓佛果
偶呼賈島作詩仙繩牀經案真如業玉宇瓊樓自在天
拈得華嚴香一瓣相思七百有餘年

存素堂消寒第二集詠銅井七友用蘇集仇池

石韻

春風五兩輕春水一篙綠結伴問梅花尋山拚側足遥
峯露豁齒僵石臏空腹彳亍香雪中路轉勢危蹙怪倩
力士開幻訝初平牧笑攜卷石歸盆盎列嶽瀆七峯位
置宜珍比崑岡玉松栝半奇古巖岫互起伏愚公山能
移王官居可卜畫師亦難肖顛老喜相逐勝游罨畫谿
如坐篔簹谷泉石趣自佳煙霞我所欲笑倣酒鑪邊徙
倚闌干曲仿彿竹林賢其來原不速

趙耳山兆熊畢雄伯招飲未赴賦此奉酬即次
趙心農外翰兆熙韻

豳吹稱觥詩易筮朵頤吉良會夙所欣塵坌苦牽率韓

子驅五窮莊生齊萬物寒噤長擁鼻吟苦時抱膝鼓殘
伯牙琴禿盡江郎筆人生縱百年三萬六千日世無醫
國手誰歟起蠱疾韓彭旣云遥褒鄂不世出計拙欺眉
火謀多等築室江上姦宄橫海濱天地闊吟壇有宗主
忘分脫簪紱清如老鶴姿秀挺喬松質同社盡賢豪和
風互拔拂文星共酒星射天光四溢

勿憚改齋吟草卷二

世再姪繆朝荃校刊

勿憚改齋吟草卷三

乙卯丙辰

太倉顧師軾景和著

滬城復

滬城失觀察黜爪牙腹心機不密滬城復觀察感老師糜餉身莫贖將軍下令撫創痍滿城老弱吞聲哭自從番船通財貨萃百族貿遷競錐刀泥沙賤金玉衣履曳絲縞口腹窮水陸芝楣敞以闊蘭房繚而曲一朝付劫灰禍福相倚伏傷心慘目有如此狼籍屍骸烏啄肉城南城北載鬼來輦賮航琛市廛足後車之戒前車覆記取今年滬城復

城門開

城門開歡呼動地聲如雷去年中秋月黯黯麴黃埃一十九月畫角哀今朝共慶登春臺旌旗光徘徊望見刺史來長鎗大戟毋疑猜刺史向城酬祝我民康泰屹然固金湯我惟眾心賴泣涕頌公言願守明公戒士也戴仁義民也審利害敦樸勵風俗尊親發感喟回憶殄寇時公力甚矣德拊循既多方莞鑰復勿懈召父杜母銘肌髓和風甘雨起痌瘝永鐫樂石紀公恩名惟映斗姓惟蔡

長江捷

客從江頭來報道長江捷天塹自古雄狂寇恣出入諸將多束手風鶴驚偵諜桓桓曾侍郎奮身建勳業讀破孫卿書擊殘祖生楫三楚達九江所至賊膽懾遥指姑孰山旗鼓手自執江左罹烽煙民生歎危急頓兵已三年髑髏枕原隰蕪城寇始退瓜步寇旋集嵎負勢猖狂蔓延及井邑軍門霣將星六師盡涕泣謂琦都統善殺馮參將景尼事耗盡大府財不見干戈戢幸哉侍郎至軍容壯韎韐三郡慶更生倒懸解呼吸犄角審機宜同仇誓擐甲努力貴及時一朝戰功立務使鯨鯢殲毋惜蘭艾雜北伐六月章南征采芑什兵氣銷九州

皇威彌六合

春燕四首

晴村柳暗又花明閒聽呢喃燕子聲深巷雨餘勞顧盼
香芹春暖費經營荒涼白屋身如寄恍惚烏衣夢未清
最是空梁照明月笑人孤獨到三更 自歎也

翦刀新試幾番風輭語輕身西復東掠水遠銜雙尾碧
穿花微露一襟紅祇愁幕上巢難穩更怯堂前羽未豐
春雨杏林風景好幾多門徑有無中 憫滬城也

江北江南路幾千招呼客旅故依然驚心春社逢三月
彈指秋風又一年上下其音殘照裏商量不定畫檐前

欲尋舊壘知何處來往關山獨自憐懷三弟也
玳梁璀璨舊同棲院落深沈曲檻低對舞偶沾紅雨溼
齊飛不礙綠煙迷高樓寂寞空留影飛絮參差怕染泥
頻捲繡簾情脈脈懶拈綵縷和無題追悼也

高郵王孝子詩

孝子名恩晉尚書文簡公引之孫湖北漢黃
德道壽同次子粵匪陷武昌觀察率丁巷戰
孝子時年二十從父手刃三賊力竭刀墮徒
手衞父十指盡落同被害於閱馬廠從死者
二十八人時咸豐二年十二月四日也

一寸鐵堅不折一腔血碧不滅揮刀衞父心肝裂觀察鎮武昌精誠貫虹蜺裹瘡瞋目呼報國橫草烈勉兒生色悽切趣兒去淚嗚咽死忠死孝同盡節與城俱亡志先決英姿浩氣凜霜雪竈下廝養亦人傑吁嗟乎雎陽齒常山舌孝子之指與之埒閱馬廠前白日昏弔國殤兮慘鶗鴂

齒落

四座靜勿喧聽我歌齒落童耄各不同盈虛悟今昨傾軋滿口酸伶仃一个弱連峯露險巇駢枝凋跗萼危似狗攫承豁訝混沌鑿搖動珠走盤嵌空鐺折腳或疑蠹

魚蝕或類快劍斫或艱苦拔釘或拉雜隕籜落落向曙星三五光隱約楸枰局已殘寥寥賸幾著枯本餘根株淺水横略彴濡肉猶相欺奚以快大嚼回憶毀齒時對食輒作惡忍痛牽親裾嬉笑果頻索梧棬口澤存慈雲渺不作桑榆迫暮年孱軀曷以託晞髮頭已童平視眼復瞙卅六扣虛無何處乞方藥寂寂去軫紘空空笑囊槖幸哉吾舌存猶可勝杯酌

送雄伯入都次耳山韻

春風吹送江南客鵬奮滄溟排六翮願作乘風破浪游萬言徑射金門策北轅南柁路迢迢攬景正及紅榴坼

與君夙訂苔岑交論文高話子雲宅一朝扶搖遙
帝京故園幾輩雲泥隔嗟予寂寞守窮廬忽忽衰年過
半百詩壇酒壘少知音千里相思情脈脈自來長安不
易居毋以磨涅傲堅白窮追班馬騁鴻辭上規陶謝嚴
詩格君家制府龍門高繼起科名滿簪纓一門儒雅顧
廚倫那有青衫愁落魄如君才地尤峥嶸驊騮遠騁槐
花陌干霄勢看劍氣橫耀躔芒徹珠光射龍文虎脊盡
英豪天下之才共一石勸君窮探二酉書勿使人嗤眼
界窄

題趙心農外翰瑯環窺秘圖

倉頡造字弄譎詭六經險遭秦火燬汲郡孔堂發古藏斯文顯晦亘有以天昌儒術洩苞符伏勝桓榮先後起緬昔

高皇聖德隆瑞煥籙圖邁前揆千年掌故紀儒臣萬軸縹緗括諸子務令海內富書倉充箱照軫惠多士金山峩峩高插天奇氣上燭奎光紫江北江南地効靈文匯文宗閣對峙金泥玉檢露光怪牙籤錦贉愼包匭曝書有掌扃鐍嚴赤日行天蠹魚死積書巖下津逮多鴻都觀者傳鈔喜廣文先生今鄭虔汲古功深飽經史遠溯三古攷篆籀泛覽四部訂亥豕身入瑯環福地中校書

天祿差可擬一朝拂衣歸去來旁人竊嘲習鑿齒研覃箸饌付名山點勘丹黃鑽故紙側身西望陣雲紅笑我閒鷗野鶴比吁嗟乎蕪城淒涼埋馬矢烽火連江逼營壘鐵甕嚴城鼓角哀平山古壁龍蛇毀蘭臺石室摧爲薪帷囊狼藉有如此劫灰禍較祖龍酷六丁倘亦天所使今亡其書識在人此圖此詩曷能已

重修香濤閣落成

此是裴公綠野堂尚餘高閣峙靈光籬荒曲徑秋容淡草沒閒階夕照涼一代宗工新壁壘百年喬木感滄桑猶欣重拓思賢宇香火朝朝伴梵王

病起雜詩八首

借得鷦巢寄此身在家人似出家人齏鹽蝦菜殷勤餽
始信交情淡愈眞

檢尋肘後首重搔曾記當年續骨膏最是相思忘不得
揚州明月廣陵濤黃淡如精於醫今客邗上

知交落落悵伶仃隻眼多蒙老輩靑慚愧大賢深愛惜
平章藥石乞延齡謂存素中丞

閒聽農人說有年憐予負郭已無田海濱幸見烽煙息
願飽藜羹高枕眠

蠻觸無端蝸角爭慕羶逐臭笑人情閉門領略閒風月

厭聽松關剝啄聲

山谷往年共唱酬，師資一字足風流。雪蕉點定拙稿四卷名場交臂多相失，纔識詩人趙倚樓。去年始與耳山訂交

子鶴妻梅倍黯然，消愁只賸杖頭錢。孤鐙客館迢迢夜，夢裏無聊喚阿連。四弟沒三周矣

宿草凄迷淚眼枯，謂陸巽三厚庵楊商山諸人驚心咫尺慟黃壚。王子懷又作古少年同學今存幾，零落滄江舊酒徒。

題呂渭塘家璜團溪吟社圖

團溪風雅始高士，瞿月樵先生孝正常共玉山齊牛耳。有客來游樂隱園，明月一聲鐵笛起。睿夫瞿智季文盛或皆名流，姚

文與郭翼同時張壁壘風流邈矣津逮遠騷人詞伯難僂
指古漁先生今碩彥柔日讀經剛日史閒將餘事作詩
人裙屐翩翩聯七子竹谿蓮社寄遐心意釣直鉤盟白
水吾祖當年隱海濱鳴珂結駟橫溪里偶呼金粟竹林
游一水盈盈遺雙鯉十三世祖諱天榮居橫溪里一時楊鐵崖張伯雨相倡和名與崑山
族子阿英埒見抱桐集世系賦社中二顧光宗盟嘯雲本姓顧克誦先芬我
心喜可憐小阮賦游仙子懷近歸道山廣陵佚後焚緑綺諸公
袞袞不凡才繡虎雕龍差可擬其抱乘風破浪懷經綸
收拾煙霞裏一觴一詠暢幽情歷落嶔寄聊爾爾壇坫
南園有替人隱谷棲邱遠城市披圖我欲撚吟髭停雲

脈脈搴蘭芷

丙辰正月二十四日集南園祀三先生祠思賢廬登香濤閣雪中看梅限十灰韻

飢烏凍雀打不開隔窗習聽聲喧豗玉樓起粟銀海眩噤寒頻撥紅鑪灰拼攜笠屐看梅去出門四望瓊瑤堆風狂似虎攪林薄滿地落葉光皚皚城南幽徑人跡絕三叉覓路時徘徊入門少長雜坐立取醉不惜衝寒來三賢祠中祀王文肅公王弇州吳梅村先生瓣香爇如嵩岱華尊崔嵬年來又新思賢室祀滇南文介石先生桃李重見春風栽千秋絕學不可泯闕閩濂洛源流該桄榔月黑神儵至酌彼清

酒陳金罍登臨高閣遺餘興閒鷗野鶴毋驚猜疏枝冷蕊致歷落白雲一片無纖埃滄江壇坫得宗主松陵唱和多通才詩腸寒沁句奇古底事擊鉢紛相催破帽衝寒踏歸路翦鐙聊復銜深杯瞢騰醉倒擁衾臥殘夢猶繞羅浮梅

和雄伯詠雪浪石次蘇集韻

滹沱東流萬井屯五嶽北鎮恒山尊南風不競楚氛惡白晝仰視塵昏昏平山赤壁古名勝可憐寥落餘空村定州雪浪一卷石至今尙峙宮牆門中山有酒醉寥落陡醒春夢吟驚魂花瓷琢玉那得比只有蜀土摹雲根

詩筒乘興遞滕倅雪泥鴻爪猶留痕高齋勒銘緬遺蹟
仇池榛莽難並論跳珠濺沫妙無匹妥貼盛以芙蓉盆
蘚苔剝蝕黨碑仆笠屐長幸圖中存

遣悶雜詩七首

都尉通侯笑爛羊淩雲意氣自飛揚戰場捷比終南徑
一枕黃粱夢太長小倉山房句
綸巾羽扇太風流讀罷陰符事倡酬琥珀酒濃紅燭燼
玉簫聲咽慘邗溝
將星耿耿照江南扉屨資糧命不堪一帶溝谿紅板路
西風斜日柳毵毵

馬革淒涼七尺身冷官誓不負君親瘴彰畢竟千秋事
付與名山箸饌人

漏舟焚屋苦難支痛飲清歌喻絕奇用陳臥子語我欲問天
天亦醉唾壺擊碎不勝悲

滾滾長江戰血流軍輸欲借子房籌長官莫道催科拙
剜肉醫瘡痛未休

高車駟馬市塵昏流品誰將清白論握管欲删輿服志
一錙孔翠拜
殊恩

自歎

六合茫茫寄此身百年強半歎勞薪看殘世態工逾僞
賸幾窮交老更親斫地有時呼杜叟問天何處弔靈均
只今飄泊干戈際杜句濁酒清詩署散人

讀存素丈游虞山詩賦此奉呈

東山優游晝掩關詠觴愛結梅花緣一朝忽發看山興
早辦布襪青行纏緣厓涉磴不知倦攬勝直上山之巔
松杉離奇蔽白日招提古刹聊盤桓憑高四顧東海小
又聽拂水流潺湲欲探幽僻窮異境恍惚有路尋無源
左挹浮邱袖右拍洪厓肩恰有同游禽慶相流連謂汪稚泉
張寅叔歸來示我紀游句山光潭影心慭然剏門吾谷歷

可數夢中彷彿欹峯側嶺迷離閒新詩讀罷叫奇絕恨
不藤葛同攀援吾聞東臯汲古已榛莽牙籤插架今何
往又聞烏目山人老畫師繞榻雲煙恣供養剜苔剔蘚
訪殘碑弔古蒼茫動遐想秋風瑟瑟楓葉紅尚湖倘許
浮輕槳詩情畫理囊中收笑問一生著幾兩

題吳紫蒓桂隱草堂雅集圖

人生何必作公卿登山功勒燕然銘亦何必尋章摘句
溯毛鄭窮年兀兀對燈檠叶逍遥逃入醉鄉游右拍洪
厓左浮邱脫帽露頂恣嘯傲酒星錯落横十洲少年目
亦眩朱紫一病維摩心灰矣偶鑽故紙事鈔胥拾人牙

慧差可鄙索居寂寂手一觥醉眼觀世多不平鳳皇在
笯雞雉舞蟬翼爲重千鈞輕我友季重懷葛民菰蘆戢
影全天眞詩吟一首酒一斗雜沓畢甕濡陶巾釀國迢
迢在何許我欲從君適樂土高陽徒侶拍手招不問誰
賓復誰主吁嗟乎附羶逐臭亦可憐翻雲覆雨頃刻殊
寒暄甘井先竭苦李全願學韓康不許姓氏人間傳

坐雨次雄伯韻

天爲愁人撥悶懷心如塵鏡不勝揩虸蚄極目多傷稼
蠻觸經年尚鬭蝸漸覺米薪增市價祇求齏粥比僧齋
剛逢樹麥黃華信怎奈陰晴一例乖

同人以洞庭春詩見示戲成長歌

嘗聞太湖汪洋三萬六千頃七十二峯羅列於其中一朝忽鬭酒泉郡糟邱釀國頓覺異境開鴻濛青帘颭東風杏花村店沽郫筒瀛洲玉雨澹無色瓊巵滿泛琉璃紅春鷫秋蟀儵遞代寒煙橘社扶醉尋詩翁莫釐之下具區之東酒香清冽沁我塊壘胸提壺喚醒柳郎夢長鯨一吸傾千鍾我鄉梅花三白亦有名持杯不覺判濁清今年冬春慨罄缾糟牀滴瀝渾無聲安得洞庭佳釀家一盛大慰窮檐鼓腹含哺情

勿憚改齋吟草卷三

世再姪繆朝荃校刊

勿憚改齋吟草卷三

勿憚改齋吟草卷四

太倉顧師軾景和著

丁巳

立春日南園探梅用弇州山人梅花詩韻

鐵石爲心雪作膚段橋丰格本來孤香分銅井宜明月熟到禪林有慧珠梅子熟用大寂和尚語見傳燈錄一代敦盤誰作主百年風雅未云徂衝寒去歲曾相訪爲問梅花記得無

集王子春榮年藻德堂喜雨和存素丈韻

追隨杖屨共清游古誼深於白傅裘荷笠愛拚春社飲滿車私祝大田收郊原淑氣催花圃風月閒情占酒樓差遂太平簫鼓願夜來還望桂輪浮

朱陵別觀敬瞻陸尊道先生遺像并讀觀中所藏先生手書文序暨諸鄉先輩往來手札同人以彭甘亭徵君重修桴亭記中頤素松阿構亭講學爲韻賦詩紀事分得構字

草亭占乾坤儒宗紹堂構吾道有干城端居詠無陋（先生有無陋居十詠）幅巾邈遺容披圖欣既覯鬚眉朗以修面目赭且瘦什襲墨瀋新淋漓紙背透下筆數千言斯文耀宇宙時會際板蕩世氛迫流寇洛下聽鵑啼中原駭鹿走黍禾淚沾衣薇蕨采盈袖浮海寄素心絕學事研究十老共隱淪如蘭占同臭澄江及毘陵問字車輻輳拂衣

歸海濱益復觀覽富淮雲積雪深先生有淮雲問答記一時講學事頑潭泛棹叉陳確菴先生輯同學倡和詩爲頑潭詩話亭林勞問訊中有亭林先生致先生書蕺山失邂逅先生欲訪劉念臺不果深以爲恨千里望美人遠道阻且右忽得西安書謂葉靜遠念臺高弟也恍若啟矇瞀一朝款門迎歡笑蘇芳酎先生有西安葉靜遠訪道過子招同學諸子小飲即事暨曇陽觀同諸子送別靜遠諸詩迢迢雙鯉魚挂一或萬漏有明盛講學朱陸別戶膈世多海上方先生語見結埼亭集誰歟擅艾灸先生論陳白沙王陽明昭示學者縠灑脫疑近禪先生云世以白沙爲禪宗非也白沙曾點之流其意主於灑脫曠閒聰明亦恐謬先生云整菴吾恨其聰明少陽明吾恨其聰明多直舉明儒病鍼砭及營腠著書根探天講易卦分谿會通儒先

旨不爲曲學狃思辨務篤行誠敬圭約守叶遥遥三百年泰山仰高衮微言歎幾絶濂洛題受授瞻拜肅衣冠採芝爲公壽梓亭嘗産靈芝先生有採芝歌

題松谿寄跡圖三首

襆被江湖恣浪游林泉勝處漫句留銅坑梅樹孤山鶴都付龍眠筆底收

消寒九九倒芳樽妙手丹青繪藕園一種閒情忘不得池塘夢醒草留痕謂令弟少峯

烽火江頭警羽書一邱一壑賦閒居晴窗拂拭鵞溪絹滿徑松風畫不如

題周東谿元鏞老屋聽秋圖

寒蛩啁哳四壁驚夷則入律多不平歐陽作賦悚淒切
動令秋士感喟生程侯畫本詫奇絕絢染神妙追關荆
天高氣爽石骨瘦捫之彷彿若有聲西風颯颯攪林薄
木葉微脫芳草零夜深有鶴半天唳商音觸物紛瑽琤
側身俯仰苦寂寞抑塞磊落胸中并欲澆塊壘浮太白
但見皓月當空明悲秋慷慨吟興發唾壺擊碎心怦怦
雙扉剝啄客經過颼颼茶韻諧鉼笙詞人失職歎坎壈
黃鐘毀棄瓦釜鳴鉤輈格磔儻紛擾勸君莫倚柴門聽

潮音菴黃薔薇限韻二首

瞥見黃飄一丈薔晚風搖曳畫屏張游蜂歷亂迷朝霧
倦蝶低徊淡夕陽買笑可憐金浪擲含嬌祇覺玉生香
不知槐葉誰裁出爛漫花開七十行孟郊詩花開七十有二行
羣芳歇後問薔薇底事東皇寵賜緋劃麥風光香繞架
熟梅籬落刺韋衣詩吟繡谷清都妙相悟空王是也非
一枕吹醒粱夢未殘英滿地亂鶯飛

端午日存素丈招集南園寒碧軒即事六首

寒碧軒窗三面開遙看塔影入簾來游人到此都清寂
竹几團蕉絕點埃
點溪蓮葉小於錢潑刺金鱗吐沫圓忽見平隄流活水

雙橋界破綠楊煙園中新架二橋

綠艾紅榴又插門每逢佳節倒芳樽藏鉤賭酒但拚醉

一笑不聞蛙蛤喧

壇占江東片席分平章泉石卧煙雲因過僧院催詩鉢

還向花前策酒勳

鶴梅香散影空存秋社詩留雪爪痕盛蘭雪丈沈滄洲舅氏徐秋士丈有南園秋社詩合刻

畢卓李程調雄伯少峯悲宿草月明何處弔吟魂

半篙春膩落紅多曾唱阿華僅名見南園風雅水調歌最好傍

橋橫小艇藕花香裏醉漁蓑

和子春詠口技

君卿唇舌滑于笑拄頰掀髯並佳妙彼何人斯優侏儒嚼徵含商不同調忽爲狗吠忽雞鳴姑妄聽之歎絕倒猩猩鸚鵡狡獪多探喉別有混沌竅應聲變幻妃呼豨嘈雜喧豗萬籟肖百千化身彈指中所欠龍吟與虎嘯梵音吠蛤鴨呼名讕語徒貽客嘲誚解穢應催羯鼓撾說鬼說夢恣狂叫

餞陸憩雲比部入都即題南園話別圖後

陸子襆被還帝京匆匆又聽驪駒聲摶沙聚散本無定黯然令我難爲情丈夫夙具四方志萬里破浪長風乘爲霖作楫儲

大用梗柟千尺名材呈秋官事頻尙明決勸君勤念須持平故園詩酒縱云樂不如遠道驅車行座中英俊摩健翮停杯西望長安城（二如敘堂孫蒖謀應京兆試）梁園詞客老逾壯浪游到處誇題名（畫谿自汴回又欲游浙）栽花欲試潘令手迢迢水驛兼山程（心田將赴官粵西）丹青韻事不可少雪泥留爪鴻冥冥憐余岑寂困株守歲寒但訂梅花盟高歌折柳送君去天涯目斷勞勞亭

六十述懷六首

又值靈均攬揆辰誰知曲逆竟長貧揮戈每恨光陰晚

抱璞難期賞識眞臏有叢殘嗤覆醬不堪負荷痛傳薪

而今吟到重陽句卻少催租悍吏瞋

禪榻茶煙了一生雞蟲得失復誰爭未工龜貝泉刀算浪使風雲月露情止酒何嘗矜獨醒吟蛩漫許附同聲下簾畧似君平卜羞向人前道姓名

日困愁城喚奈何有時斫地輒悲歌知交碩果晨星少世事翻雲覆雨多三徑蓬蒿休問主雙丸烏兔竟如梭只緣傲骨難諧俗鍼砭還求第一科

鬬句池塘少日誇飢驅無奈各天涯吹簫吳市腔徒苦二弟就館吳門作賦梁園願總賒三弟久客中州聽雨每增同被感看雲還動陟岡嗟傷心予季今何在一樹棠梨噪暮鴉四弟

歿已六年矣

妻梅子鶴一身孤彈盡哀絃淚已枯舊恨難拋憐芍藥
新愁欲訴借蘼蕪某枰歷亂收殘局夢境迷離喚故吾
抱得阿宜逾十稔癡頑曾不識之無

淒淒切切攪秋聲賦續歐陽總不平白髮飄蕭豪興減
黃花瘦損病懷驚鼠肝祗覺悲身世蟬翼何勞問重輕
回首小窗傾菊琖十年長繫故人情前五十初度時王補巢錢子英兩丈約同人集寒齋賞菊歡讌竟日

張寅叔曾亮招飲賦謝

春秋條代序百年迅駒隙今雨殊不來舊雨半陳跡惓

茲素心人歡焉數晨夕君抱瑰奇才四部事考覈聲價
侔梗枏廡隅砥圭璧櫚雋獲知音水淡成莫逆雅意託
雞黍入座忘主客食譜刪鯉議飣盤羅肴核酒酣慨今
昔談深吐肝膈羨君鄂樹𣗳君昆季五人歎我桑榆迫空抱
千里志伏櫪復何適努力須及時黃金莫虛擲文字尚
根柢朋簪慎損益毋顧俗眼驚任嘲梁國嚇飛鳴三年
期摶風振健翮盡此樽中酒愁思忽不釋葭誼敦綢繆
鴒原悵暌隔亡弟少桓君從姊壻也持詩問阿兄料亦情脈脈

繆孫棻兆禧以庭橘見餉賦謝二首

移根果否洞庭來霜後黃金鑄百枚餉客最憐香味足

酒邊鐙下補詩材
橋官有俸鶴同清千絹生涯話李衡我欲山中忘甲子勸君安置一楸枰

聞步農慶堂有作呈存素丈

謝傳東山舊已荒一邱一壑費平章黃花三徑淡無影紅葉滿林濃染霜賸有經綸評竹石特先風俗課蠶桑南園吟社今如昨盤敦重新綠野堂

臘月十九日存素丈招集南園祀蘇文忠公以詩見示賦此志感

飄然戴笠欹春風跫然著屐印雪鴻鶴南飛曲渺不再

令人望古懷坡翁蒔園昔日創詩例三蕉酹酒精誠通靈辰適逢先子諱謝不展拜抒葵衷南州詞伯領且歎此意亦足警聵聾（壬寅癸卯蒔園祀蘇文忠公余謝不敢與徐秋士丈深加贊歎）蘇公大節在忠孝黨碑突兀撐青空海南儋耳苦跋涉桄榔葉黑馳詩筒眉州祠宇巋然在木假山鎮堂之中甘蕉古柏蔭簷霤一池水滿紅芙蓉（見王漁洋蜀道驛程記）命宮磨蝎縱多厄斗奎萬丈光熊熊頭綱八餅亦何事黃州夢覺春朦朧谿毛明信肅冠帶酒能詩虎相追從詞壇韻事足千古獨我不樂心忡忡秋霜春露倐卅載劬勞未報悲塡胸中郎不作牙曠匙嬰下誰復知焦桐我生命名

志景仰瓣香私爇鑪煙濃傷心父書讀未竟忽忽齒豁兼頭童任從飽死笑方朔蘇句不與人世爭雞蟲嬉笑怒罵聊自遣阮生難免嗟途窮恨不銅琵鐵板發高唱梅花香裏一醉傾千鍾

余自弱冠學爲吟詠候蟲時鳥不平則鳴卽事感觸戢戢已多差比瓦匏無當揚扢兹就辛丑以來所作分爲四卷謬荷王補巢丈錢存素丈黄雪蕉家子雨趙耳山錢晝谿殷譪人許可之作傚帚自享不忍盡焚尚冀詞壇諸君子加之删削賜以弁言幸甚戊午以後另編續草以俟就正方家云咸豐九年己未冬

勿憚改齋吟草卷四

十月太倉顧師軾景和識

勿憚改齋吟草卷四

世再姪繆朝荃校刋

勿憚改齋續稾

太倉顧納雲徵士著

勿憚改齋續稾四卷

東倉書庫叢刻之

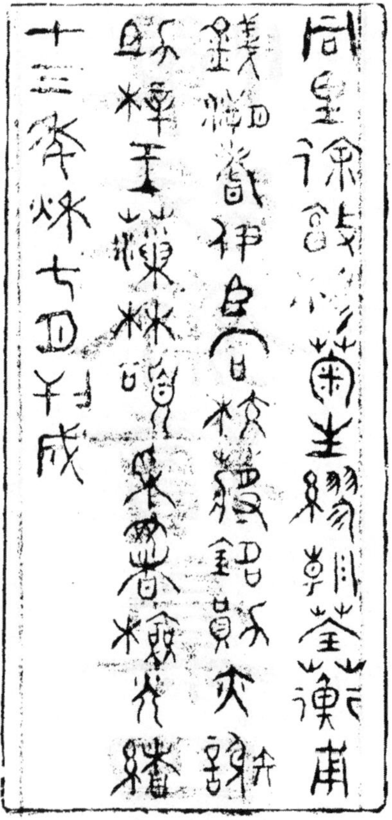

生不幸而遭兵革不至濺侍中之血死既無名不能枕
趨石之戈生惟滋愧然而桴鼓之閒見聞異詞
國史憑公牘以紀事傳信良難故史館之纂修不能不
參以野老之紀載兵燹餘生流離奔竄如吾輩凡所見
聞胥關義憤憤之心而筆之手或文或詩無一不可附
之野史以備輶軒之采所不可知者人非傳人作非傳
作徒如坡老所云學書紙費耳今讀雪堂先生熒巢賸
語諸古作沈鬱蒼涼淋漓痛快杜陵詩史蔑以過之采
之輶軒大可信今而傳後昔崔君苗見陸平原文而欲
焚其筆研瑞玉於是編亦當作如是觀然則先生之家

攜八口子身是留者蓋將以此下洩吾輩義憤上贊
朝廷信史也碩果之爲功豈淺尠哉南北分馳不見者
五六年讀此得別後情況之半不知塵氛既掃蒿目創
夷哀痛語又復何如經濟語又復何如年來采訪忠義
秉史筆以發幽光又當別具一副大手筆此尤獨讓先
生出一頭地者矣同治四年閏月靄人殷瑞玉書於申
江寄漚舫

杜浣花云老去漸於詩律細蘇玉局云絢爛之後歸於
平淡古人之於詩文老而愈嗜亦愈醕其編集也率以
晩年爲斷雪堂顧丈年七十有五矣而耽於詩自其少

時卽工爲之雅與鹿蕉生迈而以爲少作也輒棄之旣
與蒲園枕琴諸先生游篇什益富而以爲中年之作也
又棄之嗣後海宇多事倉皇出走感時觸緒悉發於詩
集中如跋浪鯨脫韝鷹及哭猶子諸篇酣嬉悲詫可泣
可歌則皆近年之筆也余於此事絶未致力而丈輒喜
以相示茲將刋其近稿又復引與商搉洵乎丈之於詩
老而愈嗜亦愈醕矣然丈意氣駿邁每於稠衆中高睨
大談有三河少年氣象天殆欲益假之年而昌其詩未
可知也吁夢中科第久踏緇塵鏡裏年華漸非靑鬢余
亦行將老矣讀丈詩慚恧久之同治十二年六月晚學

弟張曾望拜跋

勿憚改齋續草目錄

勿憚改齋續草卷一

戊午至庚申

太倉顧師軾衲雲著

擬左太沖詠史詩八首

文字尚渾噩六經爲根柢肅肅做禮堂學者尊祖禰虎觀與石渠紛紛訂亥豕何必溯盤古刪書斷姚姒何必覽八荒馳騁十萬里

巢許不復作高風緬季子句吳千乘君棄之如敝屣嘗庭陳宮懸審音乃知旨挂劍徐君墓信不渝生死可惜讓國後爭端從此起

子房具相度果爲王者師圯上忽相遇棄履使取之取

履復進履乃在倉卒時吁嗟忍須臾壯夫烏能爲
奇氣貫天日聶政與荆卿白虹吐精光蒼蠅聲營營人
皆嘖嘖羨予以忠義名委蛇淟涊輩孰能與之爭高歌
易水寒餘風賸姊嫈
相如賦上林子雲識奇字異曲實同工炳麟騁文思咳
唾皆珠璣六藉供鼓吹惜哉題橋才臨卭親滌器拙哉
載酒人不知美新義
漆園有傲吏爰著秋水篇逍遥以養生大半多寓言語
亦涉黃老意不主神仙俯仰視世宙落落餘真詮栩栩
蝶入夢洋洋魚躍淵

言過釣臺畔嚴瀨流水清高山一仰止脈脈懷古情客星犯帝座遂博高士名白眼天下小釣竿身世輕後人竊其智相率鄙簪纓

屈平昔放逐鬱鬱著離騷景差唐勒徒豔摘心香燒窮愁乃著書塊壘酒杯澆淒切階下蟲鳴秋聲嘈嘈落落古有幾望古天爲高

南園詠鶴限南園二字韻二首

仙禽獨立態毵毵野鶩家雞顧影慚偶借松巢棲水北卻鄰梅塢署香南琴彈古調音誰和雪積寒皋夢亦酣點砌蒼苔安飲啄倦歸只合近僧庵

休嗤韜素困籠樊地是平泉種菊園翯翯霜翎風拂檻亭亭瘦影月當門不愁澤國魚蝦少一任空庭鳥雀喧養到千春丹頂就南飛曲奏介瑤樽

南園西偏移建王弇州尚書祠已未春初州牧向公柏齡率眾展謁耳山紀之以詩即次其韻

別墅三弇記古吳離薋澹圃盡荒蕪重新祠宇歆登豆幾輩衣冠愼步趨百世可師忠孝義一堂其證佛仙儒長官也復心香爇大雅輪從曠代扶

病足

伶仃孌一足纏腫腰一脛象占行次且笑得輭腳病雖

非鑿齒跛卻肖林雍⿱殸足（廣韻苦定切）如夏一柱支如車隻輪臏蹩散汲苦艱蛩駏負誰倩跛前叉躄後那得闌干凭有若行三軍倉皇失後勁叉若馭一家奴婢梗使令壯趾幾先伏蹙腓勢益横雀躍徒勞形節支亦敗輿世路多險巇浮生慨蹭蹬我將學跏趺低頭養心性

雨雹詞十四首

宣公廟畔板橋西（陸宣公廟板橋俱在九都見縣志）驀地揚塵路欲迷匹練横空龍隱現風雷勢壓火雲低

蜿蜒東北倏西南抉木翻盆聲更酣試向石婆塘外望幾行衰柳影毿毿（石婆塘爲九都二都支河見縣志）

穀雨初交早種棉連番薙草草芊綿催他落地鋤頭徧
一霎驚看變石田

抛卻鴉鋤手亂招怕逢雨陣滴芭蕉忽然片玉瑽琤下
錯訝峩眉雪未消

吐丸蜥蜴見夷堅志太狡獪撲面難教箬笠遮人畜可憐同
一劫聞雹傷老人二牛一須臾俱斃慘經呼吸喚雷車

大衣鐵梗木棉名一時殘未了官租仰屋歎聽得老農私
地說看來天意挽回難

銀海光搖霧眩花傾巢破卵滿三叉兒童拍手短籬曲
跌死一雙長尾鴉天上無跌死鳥地上無餓死人里諺也今鳥雀多有觸雹死者

頃刻天開日又紅豚蹏隔隴祝年豐田禾爭說高鄉好
只恐風潮七月中六月風潮飽七月風潮了亦里諺也
梅雨廉纖漲沒堤插禾割麥鳥名盡情啼前水未平後水
至那有耕田十具犁
村田處處桔槔聲一陣荷風趁晚晴五穀正須六月熱
六月不熱五穀不結亦里諺也夜涼如水太無情
交節一望半青蕪彷彿雲林畫筆枯怎似萋萋芳草地
東風吹得燒痕蘇
劉湄南去接畮鄉二都爲鎮嘉交界處雹傷尤重一等田疇兩等糧幾
稜去聲分明鱗冊細不容胥吏巧移荒魚鱗圖冊太鎮久佚嘉邑尚存

旱魃飛蝗屢見災丙辰丁巳兩年今番雨雹更堪哀陽愆陰伏緣何咎要乞京房占一回

潮渾沙積幾經年疏濬猶稱開府賢謂林文忠公願頌長官千萬福冬來早計水衡錢時有濬劉河之議

題王芷鄉先生文鴻遺照

古今才人造物忌方千羅隱靳一第詩文愈工境愈窮幾人死後黃金鑄先生學抉馬鄭精先生文得歸唐氣焦尾不逢中郎賞抱璞徒灑卞生淚秋風挾策鸞翮鎩夜月鼓盆蝶夢寄元亭寂寞老子雲蒿徑荒蕪憐仲蔚骨相清癯迴軼羣酸鹹滋味有獨嗜傭書漫作皖江游

立雪英髦千里至憔悴已成六十翁草堂未遂菟裘計關河烽火迫饑驅悤悤襆被走燕冀京洛塵多衣不緇葆素全眞渺孤詣無端鵩鳥止坐隅日斜庚子翩然逝客舍蕭條囊槖空旅櫬淒涼魂魄滯人生坎壈一至斯釃酒問天天亦醉憶昔相逢自舅家總角垂髫共游戲先生沈默寡笑言舉止早與羣兒異壯歲文壇一軍張去走也望塵三舍避萍蓬聚散倏西東風雨雞鳴縈別思祭鄭昨歲賦歸來翦燭更深話曩事孤獨難堪伯道窮霜鬢相看暗雪涕寥落青衫感喟多回首黌宮三十載（先生長余三歲與余同游庠）春風吹到又天涯一別誰知成隔世

披圖重認舊鬚眉欲采紅蕉與丹荔翦紙狂呼擬大招
白鶴遙聞半空唳

歌風臺懷古

西京樂府唱新聲遊子還鄉感慨生三尺縱横亭長劒
十年契闊故人情歡銜杯杓秋風裏樹老枌榆夕照明
烹狗藏弓恩太薄功臣涕淚灑韓彭

戲馬臺懷古

中興龍化運旋消代荻新洲大令徼終古江山雄北固
至今統系冠南朝藍田戰績朝傳箭硤口軍聲夜撼潮
憑弔荒原衰草白春風無復馬蹏驕

醃菜

詩人旨蓄隆冬計學圃生涯送把功幾度園丁晨灌水
一畦菘甲綠成叢品傳諸葛原無匹名重瓢兒也不同
挑去正逢霜信早賣來好趁夕陽紅當階密布休霑雨
貫索橫披恰受風纖手撒鹽搓宛轉薹心和葉漬𤫊瓏
層層入甕施薑桂草草登盤配韭菘啜粥酸鹹膠齒末
斷齏滋味咬根中製乾雅合貽窮士消渴還宜喚醉翁
碧共香凝寒似玉青經黴浣鏽如銅每看田舍家家稸
又見僧廚頓頓充莫笑庾郎三九品冰壺撰傳遺詞工

醡酒

秋來秔秫登場後欲試神仙麴蘖方家釀已成呼酒保新醅初熟設糟牀鑪頭代乞徐徐火缸面先斟薄薄漿芳液傾時渣滓盡醅醪流處轆轤忙橫陳莫使同鎗折斜壓奚須續綆長隔舍微聞聲滴瀝置罃細審勢低昂青帘有店皆堆貝紅杏無村不送香漉借陶巾勞挹注泥封畢甕候溫涼濃淘竹葉春爭買淸糝梨花客淺嘗棄粕渾如邱垤積挐餠未許斗升藏淋漓米汁餘詩夢濡染衣襟入醉鄉婪尾若逢劉阮至且拚餔啜潤枯腸

題杼亭秋社圖

遨人歲歲此銜卮桑梓斯文絕續時彭澤有詩題甲子

靈均初度值庚寅以脂切義與眞韻同是日千秋正學宗濂洛十老新圖重鼎彝記得斜陽吟社散愁聽鄰笛起參差時藕園主人甫歸道山同人無不臨觴歎息

庚申人日集寒溪書屋爲盛貞介先生生日設祀得詩一首

山齋寂寞有誰知末俗頹風仗護持三隱樊村同講學當時稱先生與王介菴家殷重先生爲樊村三隱一年人日又題詩灌蔬聽鳥高賢詠寒溪八詠碓庵桴亭諸先生皆有作見頑潭詩話秋菊春蘭後進思惆悵年年花下醉晨星寥落鬢如絲

南園增祀沈敬亭光祿錢伯瑜中丞更額曰五

先生祠詩以紀事

羣宇公論探芻蕘爭肅衣冠薦荔蕉落落名山連泰華
煌煌大樂和咸韶百年青史淵源印一瓣心香次第燒
風雅南園誰振作淒涼魂續景差招

戊午至庚申春續草三卷燬於兵燹近從友人掇拾
一二錄爲一卷以後所作別爲焚巢賸語拉雜鈔存
以誌鴻雪所恨吟社蕭條江郎才竭等之漁謳樵唱
可爾同治七年歲次戊辰夏六月師軾識

勿憚改齋續草卷一　　世再姪繆朝荃校刊

勿憚改齋續草卷二

焚巢賸語

太倉顧師軾衲雲著

感事六首（庚申）

毒霧京江塞，烈燄金閶熾。巍巍姑蘇城，倉皇寇屢至。（四月十二日蘇城失陷）將士捲甲逃，官民望風避。可惜制府營，雄師一朝潰。連檣走海濱，似竊鴟夷智。金帛苟有餘，胡不犒軍吏。嗟哉長城壞，烽煙驚匝地。砥柱中流傾，狂瀾浩無際。

寇氛日充斥，直走婁江道。（四月二十六日崑山失守，二十八日婁城亦陷）赤眉狀猙獰，黃巾黨紛擾。地獄變相多，太厲被髮叫。極目成

滄桑變幻孰能料城郭既摧殘村墟亦潦倒死傷滿路
旁壯丁羣呼譟巢破完卵無流離仰天告嗷嗷哀鴻飛
欲倩鄭俠貌
大吏星夜遁歡焉達申江申江何所恃恃此富糗糧帷
幄工權算孰藏難料量善哉謀國者國富兵自強況有
將伯助旗鼓誰能當船曳輪宛轉礮奮雷飛揚筦鑰北
門掌筵讌南樓張上下其安枕彈丸固金湯
婁水清且漣裙釵多死節烈操凜嚴霜冰心矢皦日地
下慘含冤彤史待紀實哀門姑婦偕蹈水全貞潔童穉
亦何辜蘭摧復玉折余家避難東鄉四月二十九日寇突至弟婦胡氏姪婦劉氏嗣子文

詩歷孫女靜儀淑儀一門五口同時赴水死累累三尺墳杜鵑嗁夜月照耀
懷清嘉淋漓湘江血行將叩
九重
温綸光綽楔
鬱鬱靡所適獨與猶子俱風鶴驚時至遷移無常居忽
焉傳寇退五月六日寇至嘉定青浦婁城一空猶子返故廬紛紛議守禦
招之佐儲胥獨余憂不釋時復搴衣裾莫謂計門戶但
保千金軀孤城倉卒陷身爲虎狼驅八月十四日婁城復陷俘男女千餘人舟載西去由是四出焚掠城中糜爛骨肉遂離散已矣徒踟躕
暮春三月初阿咸欣還家相見急慰藉悲喜紛交加豈

知觸沴戾一臥罹沈痾亂離歎失所咫尺同天涯藥水猝難辦撫心長吁嗟執手遂永訣涕泗流滂沱形單復影隻老我成蹉跎死者倘有知魂歸聽哀歌

哭猶子飲三 文易

猶子庚申八月十四日被擄辛酉三月得歸五月十七日病故年三十歲權厝直塘祖塋臘月八日與婦劉氏合窆之八都八圖北烏圩新阡昭穴哭之以詩

韓文公告十二郎濡血和墨字字摧肝腸少者彊者不可保那不潸焉老淚流千行千鈞一髮卒使衰宗斬紙

錢麥飯後顧空茫茫我今封此一坏土使汝生氣於中
藏嗚呼汝早從我潛伏菰蘆旁安知蒲柳之質不與松
柏同靑蒼胡圖慷慨激昂負壯志土崩瓦解轉眼更滄
桑秋月凄以明秋草萋以綠從此走天涯存沒不可卜
使我日不能餐夜不能寐無言默默傷悼獨春三汝歸
來抱持訴衷曲相視欷飄蓬瞻烏止誰屋察汝貌眉頻
蹙聆汝言書能讀我當爲汝計似續天奪汝算何其速
新鬼吞聲故鬼哭餒而致痛若敖族白楊風蕭蕭魂兮
望風招竹林之游長已矣斜陽影裏彳亍空悲號汝母
汝婦同完節黃土千年埋碧血他時化作雙鴛鴦長眠

永綰同心結汝父一棺瘞城隈我當遷之俾同穴噫嘻
吁來日苦少去日多我死誰爲收我骨

積雪二首

寒極日光澹白雲凝不消荒村喧鳥雀敗壁壓瓊瑤屈
指探梅信從頭問麥苗幾時明月照把酒破無聊
平添三尺雪催到一年春睹此蒼茫景長爲孤獨民芭
蕉無晝手蓑笠有漁綸太息飄零苦難安偃臥身

即事

綠樹陰濃乳燕飛豆棚閒話淚沾衣劫餘城郭驚心改
亂後田園滿目非漫說雲龍多會合但看裘馬半輕肥

檮材自信逢迎拙拚向空王證息機

跋浪鯨詠寇氛也

跋浪鯨眼月明五湖四海恣横行鱗甲聳動百川吸毒霧四塞潮無聲呿沫欲使海水立水犀一見心膽驚天予戾氣噬鱗介揚鬐鼓鬣鋒難爭龍宮太子勃然怒蛟螭百萬勤神兵誓將殲此族由兹拯羣生强弓既張毒矢發海日照耀雙紅旌頌海晏慶河清京觀築兮華鐘鏗九錫帶礪封韓彭

驚弓鳥詠流民也

有鳥有鳥栖皇來淩風上下羣疑猜招呼儔侶曠野集

倉卒知遇焚巢災載飛還載鳴嗷嗷不成聲一枝林間借恍惚勢欲傾誰與挾彈肆鴆毒酸鹹鼎鼐盡羽族幸哉偶脫北山羅一舉東西任擇木漂搖險阻風雨惡桑土綢繆頓拋卻高飛且學鴻冥冥怕有弋人治矰繳喬木高復高那得凌雲霄摩空多鷹隼雌伏徒號咷戢翼啁啾屢回顧自悔一生稻粱誤相戒休同巢幕烏相約早爲營窟兔吁嗟乎五彩鸞棲女牀九苞鳳鳴高岡白鶴矯矯雲中翔儘教鶻落與鵰張摶風振翮直上排天閶

脫韝鷹詠僞官也

海青一何鷙生爲健兒畜盤空六翼張紛紛鳥雀逐長喙而利爪快意飽弱肉健兒一朝死言歸復我族操縱昔由人搏擊恣所欲今幸脫樊籠幽棲北山麓鐵翮謝雄飛垂頭甘雌伏可惜戾氣鍾星星閃雙目身既免束縛食必爭雞鶩羽血久磨牙曾不足果腹祭鳥自性生逐犬復我獨戒哉毋貪饕爽鳩令嚴肅

漏網魚詠難民也

烝然汕罩四面張絕流惻睹池魚殃鯤鮞不禁網加密遑論鰋鯉并鰷鱨有魚翻身縱壑出始則圉圉旋洋洋吁嗟痛定輒思痛回顧同類多痍瘡倏而依蒲倏漑釜

一彈指頃潑鹹嘗銀刀細切烹則碎慘逾鮔脯蠏就饍何圖天開紙一面泳游從此皆濠梁枯魚肆上泣相告惴惴貫柳還穿楊而今得水慶苟活江波淼淼流湯湯東西銜尾樂莫樂非魚非我江湖忘關心勿逐釣磯過敲鍼稚子遙相望毆淵恐復逼處此驚濤駭浪誰能當鯤鵬變化世有幾扶搖萬里摶風長魚兮魚兮慎豫防但得水清藻密潛身藏

歸燕四首和繆蘅甫朝荃韻

重尋故壘搆安窩太息門張翟尉羅芳草池塘荊棘滿杏花時節別離多波生海上棲難穩春老江南候欲訛

俯仰彌增今昔感烏衣第宅歎蹉跎
休論水驛與山程北去南來涎尾行舊夢已隨流水遠
歸裝祗帶落花輕棲皇結伴迢迢路往復傳書脈脈情
輙語呢喃憑弔久夕陽明滅睇空城
紅襟莫鬬舊豪華春暖芹泥啄也賒月冷梁間身偶寄
風淒簾外手空叉海棠淚溼埋毚兔柳絮亭荒噪暮鴉
轉向招提覓棲息驚心不見曼陀花
故人白屋歎孤寒往日題詩不耐看幾度秋風憐梗泛
一番社雨感沙摶空勞飢雁爲賓主强學仙禽刷羽翰
那似稻粱工覓食家雞野鶩並粗安

積雨遣悶兼寄靄人

仰觀宇宙多不平舊交寥落嗟晨星山邨華屋慨今昔芳草埋沒餘榛荆身如萍蓬日漂泊水流風轉浮生輕鷦鷯縱得一枝借敢學凡鳥爭飛鳴平生坎壈向誰訴酒澆塊壘愁腸并故人矯首在天末尺書足抵千金情雨窗無聊反覆誦怕使鄙吝胸中生茫茫後顧百感集難解伯道無兒名仲文與吾恰相對穀似何可無螟蛉菟裘且向醉鄉築青山荷鍤師劉伶叢編牘稿束笥棄嘲弄風月皆虛聲雕蟲輒于造物忌劫餘灰燼憐昆明些些覆瓿亦多事攝去乃致驅六丁人生窮達自天定

捷徑何必終南行風雲幾輩致身早頃刻拖紫兼紆青
嗟余衰朽等欂散一醉不顧人皆醒焚巢有語識鴻雪
兩忘物我無畦町名心亦復似灰死百年易盡齊殤彭
白衣蒼狗倏變幻世事局局更楸枰勸君鍵關讀全史
上溯混沌窮滄溟

勿憚改齋續草卷二

世再姪繆朝荃校刊

勿憚改齋續草卷三

焚巢賸語　　　　　大倉顧師軾衲雲著

醉言十二首

鍾山何蒼蒼大江何湯湯華年一彈指世界更滄桑銀河甲兵洗瞻兹日月光市上有醉人好事相鋪張歡焉酌大斗高枕游羲皇

東海波不起南山田可治哀鴻乍戢翼家室猶仳離長官課農桑殷勤撫瘡痍枯魚丐升斗窮鳥投高枝何時賽秋社擊鼓傾尊罍

金閶柳毿毿屠沽漸輻輳蜃氣噓成樓銅山有餘臭歌

扇與舞彩卜夜不卜晝一燈蘭膏煎人比鶴還瘦誰將
頹風挽永監前車覆
東岡草芊緜瀕海地斥鹵況復罹烽煙一片燐焦土孑
遺偶歸來徹桑謀牖戶晨炊苦不供安用市酒脯軋軋
寒機鳴尚存風俗古
老成日以謝落落存晨星阮嵇不可作望古難爲情追
逐少年隊逍遙樂餘生一觴復一詠塊壘消不平扶輪
仗大雅涖茲鷗鷺盟
繁花舒鮮妍芳草爭綠縟趁此風日佳交遊競徵逐行
樂須及時何事繼秉燭酒腸芒角生一杯亦已足邀月

成三人聊以慰孤獨
干將一出匣鋒鋭莫可當神物得天厚秋水含精光朝
陽鳴鸑鷟空山儲棟梁特達會有時相期比珪璋旨哉
莊生言善刀慎自藏
山中有孤松拳曲不中矩大匠舍之去翦伐免斤斧自
來無用材寥落忍終古虬枝寒生風龍鱗慘吼雨寂寂
老巖阿時有鶴來舞
宋儒講性理漢儒尚箋疏文章有風會人莫知其故班
揚掞才藻騈儷肇詞賦昌黎起八代長短自合度後人
祖述之不過循故步

秋風凄以緊階下秋蟲生物亦感蕭槭唧唧時有聲梧
桐高百尺上有鸞鳳鳴歡苦各異致造化難分明幽澗
水自流長天雲自行
月盈旋又虧花開久自落天地有盡時此理難索解百
年祇須臾一生半憂樂俯仰得自由莫如雲中鶴我欲
禮空王誰爲建蘭若
霪雨久不止水漲四五尺滿壁蝸涎流雲昏日無色新
秧汨洪流木棉盡草宅兵燹曾幾時倉皇又水厄饑穰
占歲星聽雨三歎息
棉花歎

棉花風吹三月天，農人相戒種木棉。清明已過穀雨近，攜鋤播子須爭先。大衣鐵梗推上品，一點更貴硃砂鮮。花性喜燥不喜溼，岡身沙岸栽尤便。連番薙草不辭瘁，婦女老穉相隨肩。鋤頭落地寸寸長，課功莫使三時愆。黃花開時日杲杲，轉瞬便見花鈴懸。秋來一片白雲白，承筐挈籠紛盈阡。提囊子輕絨較厚，蘆簾朵朵鋪匀圓。名題鶴市士宜利，論價遠勝南沙邊。連艑估客集閩廣，衣被天下無頗偏。今年霪雨注谷川，盧都零落溝渠塡。天陰泥滑穉耒坐，眼看芳草靑芊芊。婁東瀕海地磽瘠，近郊一望空人煙。吁嗟乎，村農十室九懸磬，流移初復罹凶年機聲寂寂紡聲歇月照破屋風淒然嘑饑號寒迭相逼鶉衣百結履又穿嗷嗷八口雁戢翼塵甑黯澹誰爲憐幸哉得逢大吏賢黍谷藉被和風扇不復議振且議蠲權爲黠赤策萬全今時漕比昔時減可惜壁立空嗚咽高鄉宜花不宜稻縱有餘粒無穎堅空倉雀鼠聲喧闐運租還泊河橋船勉旃竭蹶輸官錢莫使催科怒吏呼門前

元宵雪中偶成

春風峭以寒春愁縈百結春雪漫空飛梅花瘦沒骨鴉雀噤無聲三叉屐痕滅出門復誰詣冥心坐斗室呼僮

貰濁醪聊以酬佳節舉杯對孤鐙鐙炧苦騷屑薄醉難
爲歡世事幾完缺金錢旣買鐙胡不買明月

俞子龔別駕爾梅出示六世祖漢瞻先生天倬墨牡丹遺蹟奉題

刦火不能滅墨花猶有香春光渾似舊看到子孫長

題殷靄人漁樵問答小影

昔之樵者朱翁子窮年矻矻讀經史今之漁者嚴子陵
高尚不慕纁帛徵數奇與我恰相類披圖獨我知君志
我詩不如君詩工詩成恐不愜君意人民城郭慨變遷
故廬草沒餘寒煙鷦巢幸得一枝借白頭嘯傲中江邊

閉門寂寂鑽故紙可惜天涯少知已獨抱牙琴古調彈
不志高山志流水有詩那許牢愁銷有酒那許塊壘澆
掉弄筆墨當游戲必逢佳士乃解嘲濠梁忽入非非想
頭銜自署江湖長網得松江一尺鱸漁弟漁兒都拊掌
悠悠世上矜釣名須臾變化摶鵬程漁父掉頭不肯顧
笑指富貴浮雲輕胸中憤懣有誰訴樵子低頭默無語
鋤荆刈棘不計年赤腳踏殘黃葉路眼看人海風波多
漁歌且休聽樵歌劃然長嘯入山去丁丁棋局爛斧柯
噫嚱吁吟髭撚斷髮已皤名場卅載傷蹉跎斜風細雨
荷綠蓑旁人笑指張志和一聲欸乃艤棹過桃花源裏

尋行窩痛飲不顧衰顏酡奔濤急浪奈爾何

李松谿嘉禾圖遺墨爲其子培元蟠根賦二首

幸值劫火息每屢望歲情披圖愜人意相與話豐盈

尺璧非爲寶寸縑良足珍一莖君子穀永世墨長新

八月十八日金綺泉政藻招集頤園賞桂卽事成詩

西風黃葉雁來天有約尋秋夕照邊舊雨幾人聯酒社木犀三昧證詩禪此地谿來盛冠蓋淮南招隱生叢桂金粟花飄滿院香茶竈筆牀日相對堂額會閒署小山烏衣王謝領騷壇漳州司馬太守王小山先生賓陽子家行人抱桐先

生風雅流傳屬和難（小山堂看桂詩見南園風雅）後來盤敦悲寥落
詩盋酒籌兩寂寞木葉蕭蕭咽暮蟬誰問當年舊猿鶴
廣文（尊翁萊薌丈）逸興寄林泉買宅毋須百萬錢一石一花
皆有意淸風明月自年年追隨杖履閒憑眺邛壑玲瓏
都入妙摩勒頤園兩字新婆娑鶴髮娛歡笑（令祖履白先生）瓣
香報本有餘思丹臒輝生古柏祠秋黍春蔬鉶簋肅淵
源述德謝公詩那知轉瞬滄桑變園林消歇驚流電風
月樓空往事非雪北香南（南園石額）罷歌讌賞花今日盛筵
開裙屐招邀杖策來座讓庾徐工賦手（楊師白）吟聯皮陸
鬭詩才（繆孫萊汪寅生諸君）更有弇西老徵士（葉涵溪）鉛槧白頭誦

經史大筆淋漓記序詳柳州體格南華旨橫飛三雅酒連斟雲外天香襲酒襟話到南園舊觴詠風流長憶廣陵琴謂存素中丞近局雞豚良不易挈榼提壺差快意百罰深杯酒不辭塊壘胸消拚一醉醉後翻教感慨生山邱華屋不勝情虬枝偃蹇霜凝白壞壁欹斜蘚蝕青編槿誅茅漫遮護側嶺橫峯訝非故膽有靈光十笏存孝烏嘑徹庭中樹柯亭寂寂賞音無難得相逢舊酒徒欲乞龍眠揮妙筆錢逸泉重描一幅輞川圖

鸚鵡洲

賦手千秋禰正平一坏淺土草盈盈生辜文舉憐才意

死掩曹瞞殺士名空有文章驚四座莫將巧慧鬬三生
我來黃鶴樓邊過似有漁陽撾鼓聲

胭脂井

臨春結綺付榛荆賸有胭脂井得名墮溷花銜兒女恨
埋香泉照死生情空爭粉黛三春豔可惜家山一擲輕
莫唱當時後庭曲年年璧月冷臺城

題錢調甫鼎銘把卷陶春圖

人生須讀有用書嘲風弄月非通儒百城坐擁富萬卷
遭際自與風雲俱仲文少年紹家學昂昂便諷千里駒
酸鹹嗜好迥殊俗筆牀翡翠供淸娛致身卿相恨不早

春風忙踏長安道冷官寂寞非本懷蝴蝶飛來怕相擾
梗楠杞梓未易材青萍結綠洵異寶鯤鵬變化會有時
兔園那屑一冊抱三吳倉卒烽火驚蒿目世變多不平
海濱息影總非計請纓意氣何崢嶸量沙聚米展韜略
轉眼大地陽和生開將餘事圭風雅賡揚一片承平聲
即今畿輔求賢急滿腹經綸許報
國句宣有政次第成棠風吹到回寒谷叶驪駒一曲留
難住旌節花紅送君去願君常憶故園春香南雪北題
襟處

題平湖張孺人逝後爲家厚田鑫賦

蓮花泥不沾斑竹淚不滅巾幗邁衣冠轁然成志節勉趣夫子行大義早自決從容赴長流光玆中壘筆嚴冬〻風沙霾貞白淨冰雪可憐雙蘭芽先後痛摧折舊帶水潺湲日夜揚芳烈

勿憚改齋續草卷三

世再姪繆朝荃校刊

勿憚改齋續草卷四

燕芹叢語

太倉顧師軾衲雲著

移居四首

小關涇西地數弓居係太原涇西草堂舊址移家心事笑恩恩情如燕雀巢方定客遲羊求徑早通敢詡草堂營杜甫免教廡下賃梁鴻故廬都付昆明劫回首前塵似夢中

滄桑閱歷逼衰年飲啄由來總自天十笏掃除忙縛帚數椽結構儗韋船挑鐙坐久悲花落把酒邀來對月圓一事驕人差快意買憐千萬不名錢

雖然城市卽山林咫尺梅花踏雪尋比屋茅茨多負郭

窺園松竹自成陰地偏易攬開軒勝囊澀難償廣廈心借得一枝吾願足好聽雛鳳吐清音

浮生碌碌悵勞薪未遂鍵關息影身但使到門呼稺子敢論看竹問詩人家無長物留叢稿庭有孤花殿晚春自昔樊村多遯客盛寒溪王介菴兩先生居涇西家殷重先生居涇東時稱樊村三隱可容負曝作閒民

寄懷陸憩雲

滄桑變幻歲屢遷與君契闊倏十年頹齡糊塗百不解欲溯往事都茫然忘年交誼君最密酒場詩社頻流連迢迢千里隔雲樹但看明月當頭圓平生習懶似叔夜

每乏尺素鱗鴻傳高陽舊侶慨零落一腔塊壘胸中塡
南園梅樹花又發誰續風雅吟新篇相期與君共把盞
一笑醉倒梅花邊
七夕集南園次汪穉泉承慶韻
挈伴復逃暑故園一徑幽相逢數知己到此作清游幾
日甚憂旱今宵話有秋酒闌憑檻望牛女卻當頭
中秋又集南園次楊師白敬傅用蘇集中秋和
子由韻
南園樓閣何高高中有詞伯揮霜毫吟詩作畫不知倦
時鬬健句掀波濤同心難得八九子交情落落淡如水

乘興提壺挈榼來能使風雅復興起今宵月出團金丸
無端忽被愁雲蟠酒闌燭跋意蕭瑟透窗風聳吟肩寒
迢迢千里驚淮汴風聲鶴唳屢詭變況復津門浪拍天
鯨波欲沒城三版有美人兮居海山高臥不起晚節堅
直諫難免觸忌諱冷眼都作浮雲看吾儕祇覺飲酒好
天與閒散非草草酒龍詩虎日往還白髮鬖鬖竟忘老
吁嗟乎嘲風弄月甘長貧自笑徒作尋常人丈夫貴爲
蒼生出座中大有天涯客

重陽前一日蘅甫招集杏香盧口占二首

入夜扣門急酒人折簡招欣聯文字飲趁此菊花朝別

緒訴雖盡靑雲路正遙心知不易得兩鬢感蕭蕭

酒量近來窄自知筋力衰狂歌偶邀月乘興又尋詩秋士易生慨古人相與期夕陽憐欲下珍重把杯時

秋懷疊舊作移居韻四首

回首茫茫負治弓西風殘照景悤悤漸傷近局雞豚散幸有新知羔鴈通覆瓿無多憐失馬曾著古今通韻表一卷稿佚去印泥隨意識飛鴻平生書劍蹉跎甚半廢愁中半病中

賣卜垂簾又十年更生歲月假由天病頑莫乞延齡藥力竭還撐上水船鳥到倦飛巢甫定月當殘夜相難圓只緣嗜好多殊俗依舊囊空趙壹錢

城南問訊舊園林往日鷗盟次第尋秋來屢集南園集皆有詩得句
有時呼月出停杯無賴坐花陰重看樓閣參差起不盡
風騷絕續心太息詩魂招不返令人長憶廣陵音

有懷蘭園
先生

藏書滿架付樵薪愴絕昆池劫後身清況久拚同衲子
虛名遑敢附詩人天涯明月頻思舊雪後梅花易得春
願學陶公常醉酒無懷民與葛天民

錢敘堂彝銘招飲畏寒未赴賦此謝之

年來悟徹米汁禪一飲一啄皆前緣故人越宿訂歡讌
拚與英俊交杯盤侵晨朔風猛如虎粟膚寒聳雙吟肩

頭蒙絮帽苦瑟縮出門十步九不前破窗兀坐百事廢倦極欲擁寒衾眠吁嗟乎年衰力竭興易盡辜負酒侶心憂煎記曾踏雪赴高會尋梅雪北香南邊謂丙辰新正南園雅集事三賢祠中瞻拜肅思賢座上心香然廣陵一調慨歌絕韻事今借詩篇傳仲文倜儻竹林賢豪氣直上層樓巔愛我輒將肝膽吐興來時復傳吟箋招邀裙屐開盛筵杯鐺未暇口流涎夜闌獨酌祇自憐羨君賭酒眞神仙

生辰有感六首

悟徹彭殤定自天何須丹竈乞延年久刪何肉周妻累

獨結詩城酒國緣知己無多悲宿草餘冬有約訂叢編
遥遥水木懷南渡辜負遺經十八傳
桑田滄海劫餘身歎逝傷離抱苦辛心比孤松長耐冷
情如歸雁易傷春樓臺嘘氣都成幻傀儡登場更出新
笑我年來空四大眼看宇宙也非眞
傷心幾度哭童烏乞米還勞鳥飼雛栽廢久增風樹痛
縠詒遑計子孫愚恨將白日偷閒過狂欲青天矯首呼
規矩高曾聊付與孤山依舊一身孤
寒窗相對一鐙青往事思量淚暗零入世自知相枘鑿
窮途無計免伶仃敢隨永叔論朋黨漫學淵明贈影形

如許頭顱空碌碌怕人强說享遐齡

回首吟壇久寂寥詠觴無復小奚招天涯明月思千里白下秋風弔六朝春草夢殘人不見梅花香冷鶴無聊相期曠世逢伶藉浮白拚將塊壘澆

與人無害又無爭心性常如澗水清舉世愛憎多僻見古來賢否有公評澆風直比秋雲薄晚境何如蜀道平安得閉門還掃軌南檐負曝了餘生

題蕭紱亭應麒弁西訪舊圖

弁山西畔子雲亭鉛槧硜硜注六經帶草春生三徑綠瓣香夜爇一鐙青停車問字門如市汎覽百家及諸子

池上人懷舊草堂扶疏繞屋皆桃李
徵書鄭重到衡茅獨行曾勞車乘招十畝田園甘隱遯
一堂絃誦自逍遥謂尊甫竹一徵君白頭勤苦遺經授金鍼度
後鴛鴦繡雙丁兩到並知名宋豔班香齊頫首松扉晝
掩細論文伯仲塤箎處處聞集埒三蘇家學富詩聯五
字夢痕新一朝烽燧鄉關迫泛宅浮家同作客風帆沙
鳥望蒼茫故園消息經年隔春來燕子故飛飛惆悵門
庭滿目非欲覓舊巢歸不得傷心何處問烏衣琳宮梵
宇埋荒草來青小閣空嘘鳥拉雜昆明劫後灰雪泥莫
認秋鴻爪機雲握手共徬徨可惜楹書盡散亡但使故

廬留畫本漫將舊德付詩囊西風殘照情無限昔時游釣今苔蘚賸有淮南桂樹枝詞壇爭把吟髭撚披圖我更愴鷗盟回首年華卅載更太息季方悲宿草謂雒山客陽長笛不堪聽

右顧衲雲先生勿憚改齋吟稿四卷暨續稿第一卷始辛丑汔庚申先生自爲之跋續稿第二卷庚申至甲子所作第三卷乙丑至戊辰所作第四卷己巳至戊寅所作皆先生自定焚巢賸語及燕芹叢語亦先生自題己卯以後且不復作詩矣先生病革時屬再釐校一過以待付梓光緒十一年乙酉春三月廿再

姪繆朝荃謹識

勿憚改齋續草卷四　世再姪繆朝荃校刊

清抱居賸稿

東倉書庫發刻之

清抱居賸稿

也余從姪雄伯孝廉
所著也繆君蘅甫校
刊既竟屬爲署檢
光緒十三年丁亥秋
七月餉士畢長源

雄伯孝廉爲余中表戚家學淵茂詩文多有根柢每過余齋燭不跋不去薄遊京師爲陶鳧薌張詩舲諸先達所契著有清抱居集春明不第南歸後侘傺而歿遺孤尚幼稿亦失去繆君蘅甫掇拾篋中所存者彙書是卷披覽之餘恍似翦燈談藝時也不禁憮然癸酉四月五日師白楊敬傅識

雄伯孝廉廿年前故交也性伉爽不以拘忌爲意然卒不忤人生平長於詩詩不盡存乙卯試京兆登賢書不第歸里遂以瘻瘵終居恆心虛自餒啖東參無節一臥不起或由於是年未四十也嗟嗟同學少年晨星寥落

劫餘賸稿展卷愴然癸酉十二月中浣星農陸增祥題於長沙榷廨

予少喜爲詩自藕園中丞範庵太守提倡風雅與黃雪蕉王子春趙耳山楊師白諸君爲詩社時畢君雄伯年最少才情橫溢吐屬雋雅而結響宏亮輒欲掩而上之諸老亦逡巡避舍焉蓋其天資英異又得其從父子筠先生指授遂有一日千里之勢乙卯游都中應京兆試獲雋明年歸里觀其所作益大進無何嬰咯血疾遂至不起悲哉兵燹後原稿散失繆子蘅甫錄副存之請予弁其端夫畢氏自弇山尚書後風雅承傳不絕子筠先

生尤卓然成家其女夫耳山繕成三千餘首予擇其尤者錄二百餘首耳山死於賊中全稿盡失予所錄者亦不知何往序雄伯詩益爲子筠先生惜也光緒二年歲次丙子秋七月歸庵葉裕仁時年六十有八

清抱居賸稿

鎮洋畢庭杰雄伯著

觀石鼓拓本斆昌黎體

祖龍燔籍天帝怒咸陽雨赤星辰蒙土崩石爛字俱滅六丁脊遁如鴻絧豈惟古冊委灰燼三代彝器淪蒙叢乾坤元氣不終閟神物會出神靈通周宣石鼓入湮沒陳倉夜夜亙長虹憶昔中興奮厥武從禽大獵岐陽東纖驪蹴踏薇原野翠華拂天旌旆紅題詩刻石示後世意與太華爭功崇隱隱雷聲振洪吼聖人樂作雲門宮左儒杜伯意何戇欲以口舌明孤忠厲卑能文者誰氏

臣籀載筆何神雄破鑿混茫字錯迕龍蛇鬱律光熊熊
金檢玉牒不足擬高文典冊摩蒼穹數千年來人世變
撫茲古碣心忡忡漢殿銅人泣鉛水晉陵玉馬呼朔風
此時此鼓數不偶輸爲坳臼歸村翁張華博物類能識
魚搥叅擊徒鏞桐觀經鴻都備三體史書大篆將毋同
獨立荒原辨羲畫誰扶日月張雙瞳風驅雲輦歷百劫
斯文未墜職藐躬一朝鴻鏤耀靈跡披豁幽隱開頑聾
顯晦自爾由天定升沈豈復資人功摩挲腰腹兩環蝕
其上貏豕疑羸獞此時此鼓競椎搨釐剔完好如新礱
麒麟下世鳳凰見爭先快覩車塡轂雖然濡脫元氣滿

終嘲百輩注魚蟲月缺那防蝦蟆敢雨淋肯任蝸牛攻
固以重扉護以楯太學位置禮則隆風雅道替陳九鼎
鼓其與之相始終

感事五首

諜者倉皇至書生喚奈何江督陸建瀛駐兵九江賊至郎退金陵遂陷江文章
干祿易富貴累身多未奉心肝赤翻嗟鬢髮皤江督奏疏中有臣今年六十有一羸老無用語玉堂舊仙侶長此聽鳴珂
九江師潰後四野哭聲哀白日空城閉黃埃捲地來編
營多婦女沒草盡嬰孩何處萇宏血千秋事可猜
漢皇多宿將一月定西羌向榮陳金綬俱係楊遇春部將應有雄風在

誰當武烈揚軍符頻發輔戰卒少春糧不見江淮地黃
巾插翅狂
夢裏長安日音書報捷期烽煙仍滿目涕泗亂交頤回
紇尊唐日河東借寇時蘇撫楊文定巳奉　旨罷職因以暫領廣艇爲詞遂有請留之議還將祝車意封蠟一丸馳沿江借夷艇防勦仍無寸功而縻帑已不可言
琳琅藏萬軸寶氣識金山大雅未云沒高文尚可攀天
荒開殺運鬼哭付冥頑目極焚如禍松風早掩關

記時三首月蝕陰霧地震各一

宛宛延延起蟄盤潛從地道入雲端將軍也學登樓嘯
熱客猶知飲興闌湖北當道某宴客岳陽樓寇突至始驚散上界烏棲金鏡

破中原龍戰玉鱗寒不知今夜蘆溝月曾照山河影裏看（粵西兩湖及江安等省俱已被兵一時章奏尚多粉飾語）

去年氛祲未全消宿霧冥蒙夜復朝風雨只愁天帝泣陰陽深望相公調占星熒惑知難守望氣蚩尤莽自驕竟欲排閶論時事卽今誰是董搏霄

百萬錢刀塞漏巵東南地力苦難支（上海以銀易煙每歲出洋無慮數百萬）卻看世界遷流極應是天心震動時谷走盤渦羣屖徙軸翻甌脫負山移乾坤待轉何時了閒與村翁縛枳籬

觀濤漫興四首

石頭城外響鼉濤露帳千營擁節旄建業江山天不改
蔣陵風雨鬼長號廉頗垂老猶橫槊公瑾頻年但飲醪
獨有儒生空哽咽時來江畔讀離騷王六松向榮周天爵
射虎歸來短後衣喝鉦逢鼓健如飛江南鎮日無消息
北府防秋視瘠肥嫠婦那知家國恤軍門自握廟堂幾
梟徯未厭漫山澤誰閃天王壓陣旗琦善統兵江北已及半載
長鬣餘艎蔽海門鮫魚沸浪挾江豚日斜風送千帆渡
夜半潮迴萬馬奔鄧軍門某駐丹陽六月十三夜軍中火起鄧即遁去幸潮勇力戰賊始退
聞道朝廷收債帥何時江表撤兵屯尚方不斬賀蘭首
公等豈知吾舌存

幷疆煮海盡鹽田炙手豪華亦可憐珠履健兒稱上客
貂冠厮養雜羣賢黄金白鏹塡虚牝緑酒紅燈豔少年
一自廣陵烽火合美人鐘鼓散如煙

續四首

十八灣頭古練岡揭竿嘯聚響鳴鄉謡聞白馬臨江口
禍起紅巾選佛場嘉定土匪起自羅漢會多以紅巾裹首 楓葉霜凋從此
黑桂花秋冷爲誰黄重來城郭蕭條甚堞血譙樓空夕
陽

不分華堂燕雀空江村人又祝年豐楊林日照花如雪
滬瀆潮來血染紅六邑傳烽無守卒一州立壁有吾公

方傳書以事急挾輜重遁去而蔡公映斗適來早除害馬由天意得失真宜問塞翁

再見江鄉蟹稻輸舂陵何至累催租異軍反噬先行戮吾黨同仇力疾呼月浦鄉勇於八月初九夜斬關而去有助賊反者共說佛來迎法炬於今天遠見威弧瀨江潮落神燈現白馬靈胥事有無婁人傳言有神助

滄海橫流孰釀成郊原白骨少人耕俱係漕事起禍命輕螻蟻藏坳死力屈魚蛙聚釜烹昔日廉平稱趙禹異時撫馭在陽城箋天願作五湖長濯足煙波頌太平

繆孫荄索先祖畫竹長幅作歌貽之

虛堂拂拂清風入卓午搖光影如笠潑雲圖成萬个圓
生氣淋漓紙猶濕頻年種竹少眞竹一旦觀圖訝截耆
遠惟河間善畫松奔濤怒起雲中龍近惟我祖兼畫竹
風笛雲笙戛寒玉廣堪齋中紙塞屋過眼雲煙五千軸
由來此事誰最工一筆三過臻神通與可畫影不畫意
作詩笑殺眉山翁叔明遠出丹邱上我祖墨妙與之同
煙姿雨意若柔輭獨存勁直於其中想見當時富珍襲
臨摹千百追絕踪梢雲鳳尾更奇絕小篔簹谷臙脂紅
朱竹今家無藏本六十年來盡散佚對此墨幅心冲冲繆君嗜
古甚風雅獨堪持贈心藏寫愛竹眞能嗜竹心此君直

節堪師者

齋中詠雪寄懷錢警齋時警齋將從江中丞於廬州畱滯含山

白日忽匿愁雲黯寒威利刃不可犯繽紛簾隙乍媛媛飄轉堂坳終淰淰搖風碎竹舞婆娑若彗縈珠低拂檻紇干凍雀啄作糜巴川傘子屑成虀暖空相屬水晶宮眼前突兀峨眉巉長江南北斷行李雨腳無聲壓孤艦吾儕遠道苦相思一昔不眠夢猶憾君不見玉堂才儁如散雪輕袪從風焉能摻此時梁王强命賓殘月流筵樂事減羨君麾羽學從軍崑崙闒是何年斬吁嗟乎四郊流血無淨土今朝一洗江天湛

藕園坐雪賦呈錢伯瑜中丞暨季松鈞丈趙耳山葉涵溪再疊前韻

繞廊行罷林光黯，吹面生稜霰初犯。勘書落葉掃紛紛，呵硯游魚僵淰淰。乍看飛屑漬香萎，漸覺攢花縈藻檻。密似支機亂散絲，淨如鐙戸初堆鹻（見宋史食貨志）。欹空晃白繚垣低，積壓玲瓏傑閣巉。只愁倒瀉天池盆，恰喜同牽春水艦。清譚相對意常溫，白戰相持韻肯減。別夢羊裘江上披（中丞新自吳淞浦口歸），見時鶴氅花前摻。寒耐庭梅香更清，濕透山茶紅不減。幽蘭儷曲雅懷申，冰雪攪腸俗慮斬。會當一吐三千篇，快讀奇詩造句湛。

徐鐵孫丈舊有詠雪詩疊蘇韻甚夥三疊前韻

簡寄

杭州監司今汲黯直如朱繩懔難犯雪戰詩成已十年夢斷西湖水淰淰湖心亭子水晶宮冰作闌干玉作檻極天咳吐鬭龍鱗布地呈形蹲虎鹻萬頃瓜疇一色同卻峙兩高雲外巉憶昨念我山行勞乘輿相攜子猷艦沈吟謝句祝年豐到眼飢寒情惻㦿豈有瓊糧棲畝餘會須玉女將花摻公今種樹蔭已敷子事草元興則減待訪梅花湖上驢游思忽被風斤斬擁衾一任倒枕眠夢醒窗笆月色湛

聞少谷丈偕錢警齋陸仲穀過舍知嚴州告警
劇談身世益復愴然四疊前韻

嚴灘直下千尺黯那有史書客星犯非潛非見龍蛇閒
視天夢夢淵淰淰何時萬里走麻鞋叩閽上折穹廬檻
不爾高臥滄江濱煮就蓴羹親下嚥夢中雖覺九州寬
世路偏愁太行巉況驚烽火照連天海門橫截青龍艦
我縱鍵關强著書臥聽征鼙意終慽晨星幾輩吐肺肝
喜極相看手頻摻漫思樽酒共澆腸光祿廚中魚惱減
匣中干將夜不鳴海上長鯨誰與斬注經且復占歲星
斗口茫涵水氣湛

伯瑜丈見示江上集漫成數絕

隔歲征鴻滯遠天叢叢漁火傍鷗眠吳淞潮落日初上來往輕帆書畫船

支離病骨久抽簪白髮江湖戀闕深自把吳鉤燈下看吳儂應識老臣心

中原銅馬沸如羹乞得菰蘆早飯秔向夕村童齊打鼓新年猶聽太平聲

落日晴川獨羨魚忘機天地夢蘧蘧猶言坡老羣家累要寫平原乞米書

高山流水知音少書取幽棲待晚論偏自關心故園樹

背人開落幾枝存
營營齊祖由商賈天下安知魯仲連輸與先生蹈海去
功名甘讓李同賢

雨集梵鐘禪院壽伯瑜雲渠兩丈分韻得舊字

不雨累數旬一雨偏多又新年雨及時草木類含酎梅
花消雪妍春筍鋤泥透霏微日廉纖稍甚卽鳴霤偶然
露晴光流目見遠岫及茲雨腳收亦足娛清晝城南共
一樽老屋酒兵鬭朗吟杜陵篇元氣塞宇宙野鶴任迴
翔神明清且壽步屧叩梵鐘寒泉汲玉甃仰觀雲意忙
招之勢不就何當撥青天風月還其舊

錫山劉月隣先生來詢近況書此奉答

屏跡江村住懷人獨數星風花三竺寺（時寓居杭州）錦樹二泉亭舊夢篝燈共新愁烽火經春風當此際傍舍草還青

君到吾鄉里相逢立馬閒斬新懷裏刺垂白鏡中顏鍊藥何曾餌吟詩只道刪須憑腰脚健擲杖上吳山

寄懷王芷香先生

南皮雅會諸賢在飄泊干戈是我師已識文章憎命達況兼身世受人羈淮南春草緣長坂彭澤秋花發故籬兩地相思不相見可能同醉白雲巵

集慧文閣詠垂絲海棠

暫尋良宴玩新紅，十二飛英訶許同（康熙年間沈子大顧玉停諸老有十二名花會）。綸閣有詩驚雪豔，草堂無句笑冬烘。晷移檻外金烏駐，風蹴簷前鐵馬雄。一種傾城好顏色，不隨飛絮去匆匆。

珍珠瀲灩酒波紅，香國神仙綺麗同。墮髻妝成傳蠟照，流蘇織就倩雲烘。憐伊力薄春先醉，笑我情多格損雄。可惜花時不同賞，有人小極過匆匆。

燕筍

燕來時正好，春筍嫩含苞。戢戢偎籬隙，纖纖透壁坳。穉龍猶未蛻雛鳳乍垂髻布皺參差起銜泥歷亂拋每逢禪味悅饜訂社盟交尾翦輕攢束胎衣細并包譜須簩竹斬種豈滓蘭淆屐齒低疑蹴釵頭嫩欲敲堆盤誇市脯掘堁佐山肴卽此加餐飯安身許定巢

蠶豆

笑口今朝啟蠕蠕也滿籃女桑輸作繭佛豆巧名蠶陌上垂垂老房中顆顆探攢花繁似蝶退殼小於蚶浴雨寒猶濕眠陰嫩獨甘皮黏青未了油漬綠初酣翠釜探香滑金釵纍粒堪調羹妨蠋蝕剝實去蜂蠟曬餡應千百繅盆或兩三何愁煎太急可口腐儒諳

頑潭和伯瑜先生少谷菘耘諸丈作疊前韻

頑潭一草廬二百年來又先生卜居之潭水澄清酎鏡面揩綠波色浸琉璃透伊軋水車聲遙村衝放濔點水一一凫出沒於煙岫月出照田疇樹杪明若晝宕宕天地寬何緣事蟻鬭繫舟逐柴扉不知有世宙言偕綺季儔采蕨餌年壽前賢託高踪敗壁剩荒甃舉手問田父往來相暱就指點某墟落區法今仍舊

練川徐烈婦輓詞烈婦姓李居蓬闔鎮徐欽南室

避人求一死長夜淚泉枯妾本農家女心同烈丈夫仰看雲罨色畢命紅羅襦誰識援琴者頻年手捋荼

海市 起訖用甲寅二字時浙江海運由劉河出口

鼇山突兀張鱗甲吹沫噴煙雲若壓毛花輦重螺舟輕前驅儵有波臣押鬣帆飄忽天之涯上通玉繩不可階河伯娶婦三日宴波斯百寶詫絕佳昨者山頭搥大鼓月黑龍宮老蛟舞千人撇躍萬人呼赤蛇光中浪花吐當蹊馬銜橫索錢白擲珍珠賤如土聊同漁稅輸關梁猶勝長淮飼豺虎蒼鷲下地幾千載羣馬渡江竟安在空聞海外九州寬殊方異域雜貢賄人言東海求神仙黃金術成不我給如君兀守一牀書杜老空山復何待我將棄之浮滄津淩風抨水無纖塵榑桑樹巓雞震旦

杲杲旭日升於寅

潮音庵紅牡丹盛放庵僧持畫冊乞詩爲題長歌

春風三月動楊栁載譜品花學歐九城南梵刹花特殊諳囑花時一澆酒蛾眉紅雪偶飛來庵係蜀僧三際改建金鈴黄犬當階守推轉風輪二百年夜月蒲牢發清吼錢塘王孫筆有神能以繪事傳其眞士龍墨妙稱雙絕再拜乞詩清上人嗟予嗜吟詞苦拙豈能裝束與時悅補綴天吳錦繡圖請以巵言助我說鮮者如錦疊如纈殷者如火蒸如熱坼者如語垂猩脣合者如咽啼鵑血仰者如

承瑪瑙盤亞者如貢珊瑚玦赤欄風滿流霞波山雞巳馴威鳳雛仙人絳節朝金闕湘女朱顏怨碧蘿憶昔暘州全盛日南渡名花爭秀出火色飛騰塌地消惆悵東園土灰黑何如託根東海隅浴影扶桑麗奇質偶然探得驪龍珠銜照人間詫第一咄哉此花何乃奇跧伏草莽將安司雖無赤手擎天勢應有丹心捧日時花如解語花應笑花亦多情爲傾倒六一迺泥湧大觀已看圓相亭亭好珠林紺宇總堪誇初祖當年此駐車聞道午橋親捨宅牡丹例出相公家

孫莱招集杏香廬賞白牡丹限丹字韻

萬花會裏何人見三月風前耐爾看金粉總隨烽火盡
銀盤洗出玉光寒自甘冷澹芳心抱欲共繁華春夢闌
說是奇葩天上種不成仙去未還丹

連日仲穀庭中坐雨適伯瑜丈步韓韻詩至如
原韻得詩一首

聽雨不樂呵禿管欲補天漏才苦短赤腳僮僕前致詞
水流沒髁堂坳滿仰視浮雲慘不開何當一覩青油繖（楊誠齋詩謂天爲青油繖）
星言金虎蒙望舒薄蝕光明狀如卵直愁
倒瀉潢池傾雨腳如梭環不斷從來六月張火雲農夫
背坼吞亢旱旱時黑蝦巧藏宮雨甚金魚頻躍盌陰陽

調燮在司鈞斯言釁切非爲誕吾婁憂雨甚憂旱白公
水利功須纂横河直港棋盤街要審緩急斯布算公昔
鄉邦孰從事至今健者無老伴河水一石泥數斗押佃
青裙手經辭吾儕三日不梳櫛掩置蓬茅學嵇懶亦知
萬事此心通滐雪精神還潑散陸二門巷屐齒多滑折
泥渦履若坦相於一室論古今老鸛窺鳴俗物罕雖然
食案常無飧風雨客來情款款屋隙斜掩銀蒜飛瓦盆
汲飲渾湯暖亂蛙閣閣快上階庭前草長無虛窾狂歌
急送雨師歸歌罷雨聲仍未緩

薄薄酒

薄薄酒君勿惱䴡䴡布著到老清晨徒跣頭蓬葆呼雛持帚躬灑掃滿庭都種閒花草花香露氣縈懷抱上有高枝鳴好鳥聽我歌詩心了了歌罷行雲碧天曉先生座上盈清醥

偕王子春丈夏榕孫金綺泉陸星農仲縠海甯寺納涼尋頭陀叟弇西之約

日出下東檻其氣已蓬勃長空推赤車宕宕無消歇言尋蕭寺來木魚定禪窟病僧著黃紽蹣跚向前謁僧本方外游白足可不韈野人樂疏放對之似中暍稍喜得寬閒佛閣敞十笏畫壁眾世尊三島露一髮恍若雲興

聲澒洞風出沒陡然可自爽寒氣竦肌骨病者止喘息
喝者起林樾忘言已移晷鴝鵒譬敎敎亦有靜房櫳蕉
花瑩秀越時蕉花初放狀如斗

七夕玩月詞

敗荷風葉戰秋螢搖曳垂楊眼獨青又似相違又相値
露光月色認惺惺
昨宵夢與月同圓起視星河尚宛然其奈罡風吹夢斷
暗彈清淚落離絃
重來梧苑鎖窗遮新月如鉤透碧紗忽聽畫梁雙燕語
卻憐楚楚未還家

望斷橐馳望眼空妾心已是半枯桐漫拈秃管書樓壁爲感張公愧白公

少谷病起書懷見示即和元韻

見字欣然吐肺肝陽春如煦不知寒親朋卻笑謀生拙忠信何愁行路難應有海珠擎月上可無匣劍借人看與君同賦濠梁趣風水相遭總起瀾

偕檇李諸君子泛舟南湖

路轉南湖一曲偏女牆肩並盡桑田便無煙雨張風幔恰傍鴛鴦載酒船跨水樓迎新夜月看花人立夕陽天薄遊總覺人情好何似涼秋欲上棉

坐杉青閘中秋玩月

窗前流水鏡光清帆影亭心落照横怪底火珠懸萬樹

夜來偏向月爭明

施王階下薦椒蘭暗擲金釵卜斷完只道箇儂眈玩月

袷衣侵露不知寒

應候潮來許問津潮生月上似冰輪年年渡口將紗浣

妾貌如今可嫁人

去歲江鄉淚暗吞廣寒鉛水瀉乾坤今年洗眼看秋月

料得吾廬月到門

施君珊丈囑題其亡婦靈簫夫人畫册

九華掩影鎖空廊夫婿如今鬢有霜南浦蘼蕪含別淚君珊北行而夫人病沒西泠花草斷人腸淸文滿篋徐陵序粉本零香逸少裝料得鏡臺頻檢點玉蠶春燕恨茫茫

送錢調甫之贛榆學博任郎書其祝花辭後

錢君風雅無與倫文章司命花司勳儷紅配白補造化醉眼一歌天地春江南二三月花發如輪囷絢采成霞綺流輝散玉塵祇樹園中聯勝侶平章宅裏鋪芳茵攬環結珮無不可提壺挈榼難具陳賞花春日春正暮移花秋月秋平分登高節近涼氣至木棉裘薄穩稱身聞君宦遊頗不樂蟹肥菊瘦空鷗羣少谷山人與我厚少谷

丈之淮上君家康樂尤情親警齋入都一南一北各遠道茱萸且插帽簷頻飲君甕頭三白之新釀讀君架上冰雪之奇文送君千里出門去吳江楓落明斜曛披圖重嗟賞花草自精神君去我不去江湖閒煞人君去我亦去寂寞花生瞋明年倘値花開後爲道攀條苦憶君

折花詞

花發高枝折亦難愛花獨自暮憑闌月移花影侵階陀待到折花花欲殘

何處看花不可憐花應對我減春妍東坡三十便云老我過東坡又五年

一春風雨打花忙冒雨花枝拂苑牆尙有護花心事在
輕敲雨腳待晴香
日出東南紅粉樓醉人花氣撲樓頭對門學繡誰家女
簾外春風日下鉤
秋圃閒花不記名野人相贈亦多情宜春苑裏花何似
莫惱天公事不平

消寒集蘭園出示銅井石七枚暈綠可愛爲賦

銅井七友歌用蘇集仇池石韻

銅井之拳石石色漬寒綠袖以歸東山竹林數可足師
竹虛其心友石堅吾腹可語僅韓陵毋乃交情慳惟當

丈人拜敢吡仙童牧骨氣割白雲泉痕引黃瀆其利本
斷金益之以攻玉洪鑪昔鼓鑄巖穴今棲伏操行久不
渝名山此焉卜巨靈擘瑣碎五老相徵逐偶然過賢關
坐我愚公谷歲寒同一心名利澹所欲拂拭几席清安
排硯山曲昕夕獲良覿占言來不速

消寒第二集詠臘八粥分韻

積廚飽喫消殘臘卻笑詩人學僧衲牽裳聯袂浴佛來
飛觴賭韻占朋盍已拚昔酒兩三升更啜防風四五合
紅鹽白糝和鬱單瓜丁菜甲連菽荅非齏非蒜非脪沙
盛以瓷瓶覆以榼茶熟應聞薝蔔香粥魚驚破棲禪鴿

同趙心農耳山研花昆季王子春聞少谷諸丈錢芝門集潄石山房和心農韻

飲酒得御叔賦詩善游吉尤喜趙衰文渾忘子路率團坐如屏風寒氣虛襲物涕洟凍合膠膚粟戰摇膝多君手八乂詩成不停筆我欲擁被吟報章願異日非關鄭有辭澀縮因寒疾料得錢塘軍伏兵俟我出大懼一矢遺操戈入我室伯瑜先生和章最速何弗邀李白痛飲黃河闊風塵多濛澒此心澹軒䋈習習清風生向我座隅拂詰旦策詩動命酹歡聲溢

徐質齋典衣買劍圖

綠鱗風動文章色敢誦巴歌徐孺聽寒士屏營無長物
世途賞識見新硎上書我恨貂裘黑覽鏡君猶彩鬢青
雞復塵埋終莫棄夜闌頻看斗牛星

楊師白丈元旦連得兩孫口占誌賀

佛儒抱送下諸天璧合珠聯恰並肩才聽金雞啼曉旦
便聞乳燕囀新年元亨應設雙丁席春水同牽太乙船
最喜弄孫稱老子高堂捧出洗兒錢

伯瑜丈得孫招赴湯餅會作消寒九集

道自松鱗歲月多即看棠棣已成科小園筍籜重重坼
老幹梅花九九過夢裏文章翔白鷺筵前春酒泛紅螺

謝安展齒眞堪折又聽南風奏凱歌時上海初平

予春丈市得河豚見餉有成命矣予以庖人不治作詩馳卻

出門半里逢逸少餉我嗔魚詫絕妙其魚腹腴美可茹西施入宮夫差笑天生尤物非易致敢棄江流祭鳶鴿曾繙食譜問嚴龜千辟萬灌水中漂刳腸未進專諸羹納肝先鑿混沌竅漑釜敢云烹小鮮染鼎安得有同調資善堂中集百朋如湯沃雪忞一噍不然庖治或失飪莫邪入喉安可療魚吾所欲去乙難卻怪廚孃首頻掉竈下中郎空典籤食前參政徒徵召還君此物行咨且

一部三頭當詩料魚本覆甌詩覆瓿腐儒膽怯毋相誚

繭園就索河豚未至見予前詩亦有詩來戲示

仍疊前韻奉酬

青邱作詩羨貧少似嘲似諷舌本妙光祿廚星偶失職
乞漿未得玉女笑書劵反成博士驢何人能覓晉州鷂
豈無金薤甘於飴亦有銀蒓淨如漂若使同參玉版禪
能攝六根宣百竅春江水暖玻瓈鐘賓筵高會多才調
白波倒捲黃河盡肥肉大塊千人嘸中山流湎日日醉
命曰腐腸若爲療而我心如退院僧坐受人誣書袋掉
蔞蒿已老荻筍長雖有後命不敢召異味原非貳膳珍

野蔬豈是和羹料東隅水族猶應多遼東之豕何足誚

師白丈得孫用坡公和子由生第四孫斗老韻

賦此奉和

方春萬物乳應候氣燠沐欣逢玉兔祥快覩金烏浴宏
農慶釐孖戚黨相顧復宛宛小鳳毛魚魚同鯉腹女王
昔已添男丁今更足後先疑弟昆疏朗見眉目寶此徑
寸珠等彼連城玉黎陽特賜帛異數稠且沃遼氏肇夢
帷嘉祥史書竹彎生例當賀況逢春釀熟座客試啼聲
指檻書可讀令子固聰俊其才已遠矚會須拔幟登何
侯發筴卜陸機二十強公然作家督

新燕

侯家臺館亂雲高目極江南首屢搔畫棟不曾裝玳瑁
舞筵何日醉蒲萄千尋磯石屯烽戍幾輩帆檣上海艘
爲問覓巢新燕子可能省識武陵桃

相逢偏是綺羅叢似向人閒作寓公予尾尚黏春草綠
子衿猶帶上林紅風吹玉篴聲初至春入珠簾氣漸融
莫聽鶯啼楊柳岸防他啄絮怨東風

十二重樓春晝長嬉春端不負時光居然得氣先鶗鴂
未必高飛即鳳凰神女荒唐畱白玉深宮哀怨賦黃裳
最憐海上于歸鳥巷是人非訴夕陽

紫綬金章夢益州閨中不作伴離愁鷸冠莫被儒冠誤
鸞鳥翻爲鳦鳥羞纔祀高禖來晛睆便逢社日儘句留
臣門如水多君賀可恨年年未拜侯

上會稽山謁禹陵石亭小憩

松陰一徑長苔錢蒼水英風尚颯然南狩旌旗龍徙壑
列眞朝會日中天能於荒服開三統直爲孱孫保六千
我自覆碑亭上坐捫胸愁絕怒潮穿

同仲伊耕虞佐君飛千子白穀士敘堂游惠山
麓因讀
御製碑刻

碧檻清泉到眼舒昔年曾此駐
鑾輿九龍東下開吳會八駿南來有秘書傍渚芙蓉煙
欲暝隔溪楊柳雨如梳湖山草樹皆生色縱有詞臣畫
不如王孟端及倪元鎮俱有惠山圖

呈張詩舲少宰時視學京畿

文恭校士射堂開坐滕將軍識舊陪羅刹千人分筆札
辟疆萬樹照瓊瑰昇平政績前無宋風月詩篇後有梅
一十七年彈指過青山又揖使君來
華嶽雲迴
帝里春文章職志重司鈞清秋鶴髮同宗伯白水魚竿

念故人（謂陶鳧薌錢伯瑜兩先生）廣厦重開詩世界沖襟猶見玉精神登臨若許枚皐賦此後虹霓氣自伸

河間旅次作

模糊城郭下牛羊佳節今朝在異鄉風定筑聲沈易水星稀酒侶數高陽無多行李隨身便不住輪蹄逐客忙贏得車中學新婦自來打疊嫁時箱

小隊弓刀夾道開衛青籠向日邊來（時連鎮新復）將軍白馬殷雷電冑子青衿尚草萊槐夏連天高作蓋榴花如火獨登臺諸君應洗風塵苦聊盡端陽酒一杯

陶鳧薌少宗伯枉過譚藝藉成長句

晨起晞髮多清風入門車馬何蘿容婉洸求巳躧履出
眼前屹立山之松枝葉湛清骨氣古丈人歲月行相同
八十步履神駿健五千細字水晶工欣然握手剖情素
班生盧冷春爲融揚論古今喜合轍海內詩伯推平公
夔石倒撐需巨手清晨午夜聞霜鐘文章自足斡世運
澹澹菲薄嗤吳蒙我生距公五十載禮應扶杖相追從
弱冠意氣高步武誓欲屠取眞神龍往往鑽研成水溜
時時憤讀如火攻磳磴名場夜光晦明月不照我心胸
竭來京洛多英碩執贄愈下禮愈恭公若紅旗簸壇坫
請成一隊當羆熊鼓行倘逢張燕國詩城但道增附庸

衆春園詠雪浪石用蘇集韻和張詩舲少宰作

韓園賓宴如雲屯魏公駐此中山置酒石作尊雪浪齋前矗奇石能令醉眼指塵昏我從京洛偶游憩清風之店明月村此石何年忽到此秦關飛礮堙城門枯榆馬驚不敢秣風雨洗出將軍魂劫灰燒後石氣古太行瘦透寒雲根既非北平飲羽箭又無郭家試劍痕博浪一擊不中用畱此拳石將安論白紋黑理露晴髮玉女委照蓮花盆石乎石乎爾其葆此金玉質慎勿渝爾性存存

客中奉懷伯瑜中丞子筠伯

二老吟詩鬢雪侵三千里外是知音獨居南阮書懷富

不學西崑辨體深梁父欲瞑頻畫掌滄江無浪自鳴琴
弇西茶話終相憶石鼎鑪煙細細尋

友人以婕好團扇索題

搖落增成舍秋風又一年新愁眉上織舊寵掌中捐竹
葉鹽非昔桃花粉可憐明明虛抱月三十六回圓

保定途中寄懷故鄉諸同志用涵溪見贈原韻

沈沈街鼓逼殘年蓬轉風塵暫出燕越石祠前星欲曙
慕容臺畔雪連天畿無盜賊民知法野有流亡吏不憐
詎使匡衡預參錯篋中虛抱濟時篇
野性終疏少揣摩濫充賦選愧陰何吟秋幕府仍磨墨

獻歲江淮望息戈鴻雁聲中懷故舊京華夢裏自笙歌
佳人絶代吟空谷惠我芙蓉勝綺羅

井陘關懷古

陣雲如背水望見井陘關業定收秦後功高破趙還有
雞啼半夜無鳥失千山眞假都歸假千秋淚欲潸

慈仁寺展禊謁顧亭林先生祠

吹盡香風草已薰樂游原上始湔裙紅塵士女爭連騎
白社朋尊張一軍鶴髮詞壇推沈宋鳳池才藻是淵雲
時清早望銷金虎日下還應廣舊聞
梵王宮殿澹煙籠選勝尋詩興未窮松老寺園森夏木

花深一徑領春風題襟容易樊川集引水眞如韋曲通
賺得清遊萬人海莫令佳節過匆匆
甲子空山野史荒幔亭誰共溯歸莊昔賢書劍來燕市
此日衣冠似洛陽四十人傳修禊事千秋學在寓公堂
祇今香火前朝寺猶捋松毛薦酒漿

蔡右臣取崔不雕春水碧於前度日桃花紅似去年時詩意爲予作江南春圖漫題數絕

平時桃葉曾雙槳別後楊枝又一程無限相思無限恨
故鄉風物近清明
河干十里窈孃隄一片春帆望欲迷想似妝成臨水鏡

新描眉黛髮初齊
二月江南放鴿天重尋草夢緒如煙桃花門巷從頭認何處遊人拾翠鈿
亂離同訴白門秋計共陽春載酒籌有意花枝頻著眼無情流水不回頭
雨後紅潮一尺添筍泥香暖透鞋尖吳娃切玉人如玉樂府新調昔昔鹽
斜陽花底怨紅腔別有幽情賦涉江任爾鶯啼千萬樹脂痕歷亂打蓬窗

苦旱

苦旱何時暢好懷天空雲斂碧於揩鐵溝水淺難藏鮒
土壁泥乾不上蝸此日四郊同望澤長年三老自持齋
臥遊五嶽心常切夢裏爲霖願總乖

得雨浹寸仍疊前韻奉簡邑侯

程量寸澍稍舒懷贏角耕牛癢欲揩待澤人情如渴驥
望禾心事似黏蝸卽徵廣旱五行志昇潤被兵已逾五載已讀離
騷半月齋聞說牧民仁政洽雨暘今歲未應乖

此畢丈雄伯所著古近體詩謄稿也觀石鼓拓本已
下三十八首咸豐癸丑歲作海市已下二十七首甲
寅歲作楊師白丈元旦得孫志賀已下九首乙卯春

作丈入都時屬余清繕一過曾錄副存之上會稽山已下二十二首爲乙卯夏迄丙辰夏所作有在都時郵寄者有回里後出示者若旱已下二首則丙辰秋作丈之絶筆也因彙錄一册都凡九十八首濟經兵燹幸得無恙吉光片羽彌足珍貴爰與閬浣華廣文錢聽邠部曹助貲付梓爲志顛末於後時光緒十三年丁亥夏五月同里譜姪繆朝荃謹識

清抱居賸稿

同里譜姪繆朝荃編校

清抱居賸稿附錄

哭雄伯　詩盋盦吟稿　楊敬傅師白

運阨龍蛇數竟終君生歿俱於辰年入都出都又俱於巳月才人無命哭秋風絕裾温嶠脩名立下第蘇秦賸橐空忍使白頭拋老毋可憐青眼負羣公謂張詩舲陶鳧薌諸先生

匆匆一載春明夢人海飄零類轉蓬

瀕行詩讖太淒涼冉冉西山日暮黃未必功名眞誤汝早知貧病悔還鄉奚囊痛嘔三升血客路愁迴九曲腸江水澄清定何日草堂歸隱願難償君感時事嘗繪澄江草堂圖寓志

渭陽門第彫零甚後起如君得幾人詩筆欲追韓孟險

交情每愛紀羣員曇花小現他生刼病樹難留舊日春

此去鴒原應聚首硯池青草久成塵君有弟慧而早卒嘗作青草硯詩徵和因又自號念篪

貧交幾輩哭窮途少婦閨中淚眼枯辛苦名場惟一第

伶仃書種況雙雛愁吟海市新詩卷君有海市詩和者甚衆怕問

湖隄舊酒壚君客杭最久滿篋碎金遺稿在滄江夜夜月輪

孤

歎逝篇爲畢大庭杰賦廿六芙蓉仙館詩鈔

張曾望孫鄂

畢生手持三寸管才氣磅礴嗤喁于驊騮十萬掃瞥眼

鷹隼一擊空平蕪自言心服杜陵叟味如食蜜中邊俱
有時校勘得新意箋注翻笑蟲魚麤春風裙屐競選勝
小桃紅偏城之隅酒酣賭韻輒呌絕君當齊晉餘曹鄶
白日堂堂去可惜瞥然竟棄終童繻純鉤三尺湛秋水
瘦僮羸馬燕山途燕山貴人差解事投贈不惜千明珠
太行山顛冰雪坼滹沱河水琉璃鋪詩成雲氣滿襟袖
恍披五嶽真靈圖汗血空傳代朔馬掉頭忽釣吳淞鱸
入門一揖嗔相視鬢眉還似年時無炎風六月旱母虐
長官鞭扑催輸租君家負郭苦涸鮒瑟縮意氣消肌膚
臥牀執手刺刺語談詩猶復神追模劉蕡下第李賀死

才人坎壈噫可吁我生落落寡交契士衡一哭雙瞳枯（謂陸士涵）其餘諸子亦磊落浮沈京雒多飢軀賴君胸臆殊坦率磨礱切琢砭我愚翩然又騎白鶴去誰實爲之其天乎吉光之裘已零落片羽價重同璠璵緘題檢點寶什襲休令俗眼生睢盱哭君詩成君倘知與君夢裏商瑕瑜

金縷曲　紫芳心館詞草　錢恩棨 芝門

畢雄伯 庭燕 之逝忽忽一年矣追憶曩轍愴然於懷

舊事重回首鎭忘形拍肩花市歌呼擊缶各自清癯憐

骨立勤囑精魂藏守但願得玉杯延壽不信西山悲日暮丹丹西山日暮黄雄伯句也　早識傳鸚鵡身難久知己淚滴襟袖

前年別我京華走脫襴衫秋風一戰文章終售纔得歸來旋又病病裏幾番攜手奈奇𡰪難逃陽九脫屣妻孥應有恨傍泉臺寄得相思否清夜裏奠椒酒

覆瓿叢談

太倉吳東軒廣文箸

覆瓿叢談二卷

東倉書庫叢刻之

同里閒福圻孫會繆朝荃藻甫

合校並助刊沈嘉澄子復覆温

王藻林鳴采署檢光緒十二

年丙戌冬十月栞竟

余老友吳君東軒博聞強記於書無所不窺生平足跡不出里閈而山川阨塞郡國利病舉能鑿鑿言之洞若觀火顧澹於進取旣食餼輒棄去弗顧光緒初馮竹儒觀察備兵海上創求志書院以課三郡之士奇君才首拔焉欲招致之卒不往歿後遺稾散佚是書凡兩卷爲君甥繆蘅甫中翰所錄存者上卷言水陸邊防皆近今要務下卷卽求志課作也中翰今績學之士將謀梓以行世而屬余校讐分任剞劂之費余惟君之文雖所存止是乃歿未十稔法人窺伺南洋海道中梗議復河運近且於臺灣規建行省與君所言若合符節則君之議

論固自有不可磨滅者安見數十年後不將一一見諸施行耶刻旣竣爲書數語於簡端歸之中翰並藉以識君梗概云

光緒十二年歲次丙戌夏五月下澣浣華弟閻福圻拜題於雲陽學舍

墓志銘

甥繆朝荃謹撰

太倉延陵吳氏朝荃所自出也中表弟澄宇將以光緒六年十月二十日葬其考東軒公妣王孺人於鎮洋縣境十八都西二圖新阡請朝荃爲銘不敢辭公諱曾英字會者東軒其號也先世爲山東萊陽籍宋季時有諱慶者由江甯始遷太倉越七傳諱士雅以薦舉官刑部員外郎又五傳諱騋乾隆乙酉舉人貴州台拱同知公之高祖也曾祖諱悅附貢生祖諱履亭附監生議敘光祿寺署正加一級授奉直大夫父諱逢甲廩貢生江甯縣訓導歷署丹徒縣訓導吳縣教諭

賞戴藍翎並加同知銜授奉政大夫祖母氏蔣氏王氏
陶母氏邵皆封宜人生兄弟三人公居其次女兄弟亦
三人其長卽翰荃之母也公少好讀書過目成誦弱冠
後補博士弟子員越數年又餼於庠屢赴省試不售鬱
鬱不得志粵寇之難避居崇明以免先是奉政公多幹
濟才地方公事皆賴其力迨克復後今相國合肥李肅
毅伯方開府江南檄辦善後事宜積勞成疾比眞除江
甯已不及赴任而歿時州守桐城方公傳書欲稟報肅
毅以善後局事舉公接辦公作書堅辭之嗣是閉戶家
居益自攻苦尤留心輿地之學南海馮公竣光備兵海

上剏立求志書院試三郡之士即以公卷拔列弟一復多方延譽欲公一見之而公卒不往其耿介類如此著有覆瓿叢談二卷葉徵君師裕仁見而賞之采入州志藝文嗚呼是可傳已公於道光八年十一月初十日生光緒元年十二月初十日歿年四十有九廩貢生候選訓導配王氏候選訓導秉櫟女即王太宜人之姪孫女也於道光七年二月二十七日生同治九年閏十月十五日歿年四十有四子四長光翼爲公兄曾熙後先公數月卒次閏章爲公從兄佑曾後次澄宇次際康殤女三長適錢治夔次字附生徐乃福次字汪曾武孫三朝

紳朝棟朝墀俱閏章出朝棟爲光翼後孫女一亦閏章
出銘曰
公之品介而貞公之學專而精銘公幽者惟公甥

覆瓿叢談卷上

太倉吳曾英東軒著

目録

新疆水道議一

回疆全境本前漢三十六國地唐時曾置四鎮顧漢唐之世南北盡屬強鄰其地孤懸異域今南自青海前後兩藏北自伊犁以迄科布多烏梁海皆國家侯尉所治悉主悉臣回境邊防偏重西面其民稠土沃物產豐饒亦無殊內地向以憚其險遠未設郡縣行旅之往來其地者取道嘉峪關歷山岡戈壁之地跋涉萬里人多苦之乃百餘年來從未有議及水利者豈以新附不毛果不可施以舟楫之利耶閒嘗考山川形勢撮其大要而論列之階岷二州之閒界以西傾東南爲白水江西北

爲洮河西甯之北安西之南界以雪山東南爲大通河西北爲布隆吉河布魯特藩部烏什鎮城之間界以葱嶺東南爲塔里木河西北爲納林河此皆天造地設自東南至西北之水道也其間舟楫四通如白水江之會入大江者無論矣卽洮河大通河之水同入黃河亦勢相聯屬獨布隆吉十河會諸水歸於哈拉池塔里木一河會回疆全境之水歸於羅布泊池在東南泊在西北中間戈壁卽漢志所稱白龍堆者是過其地者皆須負水擔糧此外則河水暢流舟行無阻誠使甘省以西浚河設埠量造輪帆腳槳諸船安見水道可通於內地者

必不可通於回疆乎且回疆如羅布泊者古稱蒲昌海爲黃河潛源正百川奔赴萬派朝宗之地揆其上游之水源遠流長不獨喀葉諸城一水可達卽準夷舊壤間隔天山亦可溯開都河北上由喀喇沙爾逾山浮伊里河直達伊犂此又因勢乘便呼吸通靈以視向之全行陸道者果孰難孰易然則爲西域轉輸之計備禦之方其必自經理水道始乎

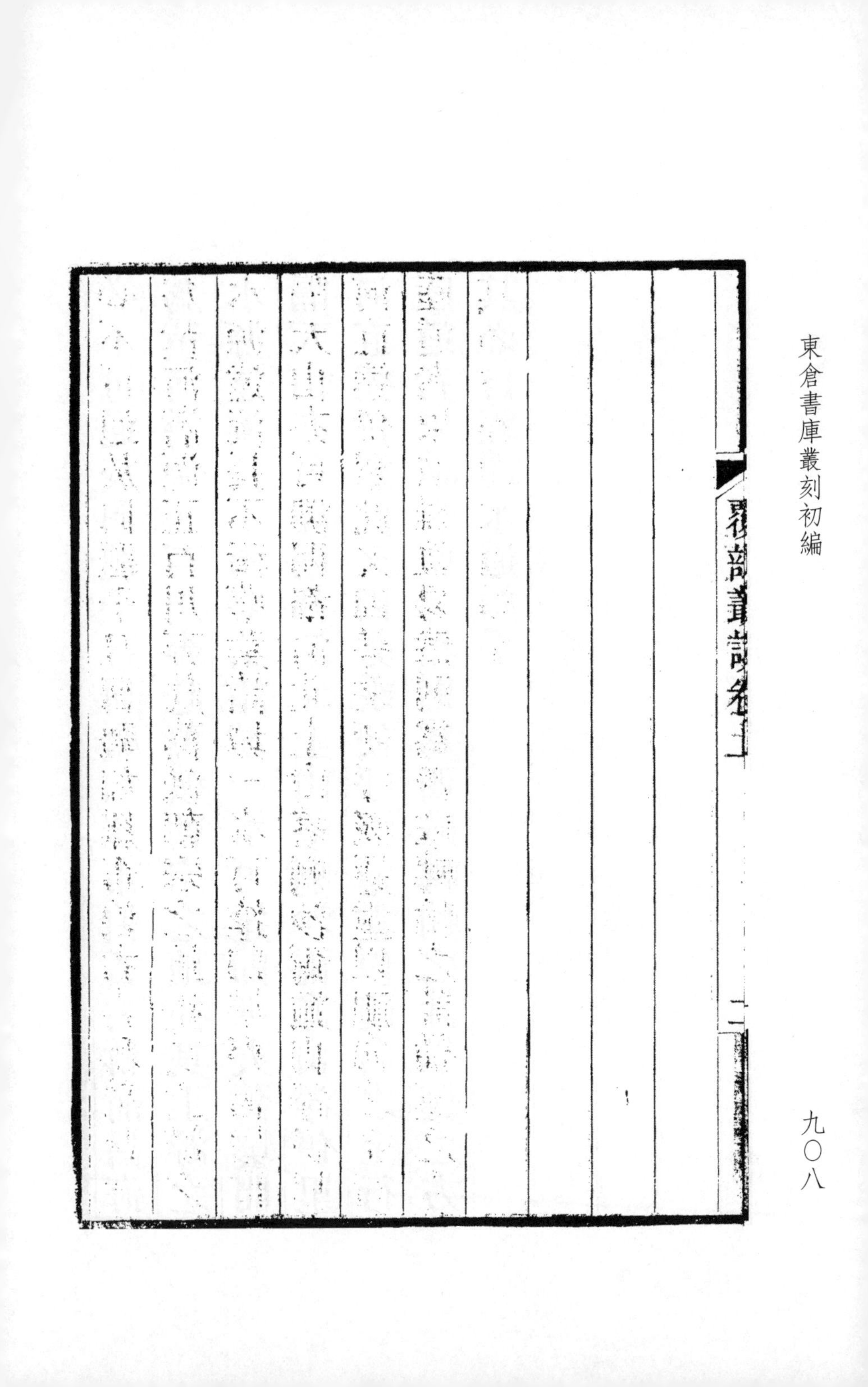

新疆水道議二

西域所轉輸而備禦者凡以爲俄羅斯也俄都黄海之濱扼泥瓦河口去中國甚遠脱有他釁由海道而來亦遠於英法諸國所慮者在連壤之區廣開水道則於彼爲甚便而於我爲難防也竊按中國屬藩之西北有鹹海卽水經注稱爲雷翥海俄夷屬部之東南有裏海漢書稱爲大澤無涯視鹹海尤大兩海之間相去千里而葱嶺以西納林河之水西北行二千餘里歸於鹹海俄都以東窩瓦河之水東南行七千餘里歸於裏海是兩海皆大澤所受之納林窩瓦兩水又皆大河其間過流

之路實已萬里有餘所不通者僅基瓦片土耳往時回部與俄夷分界在裏海今安集延布哈爾諸部盡爲俄夷役屬邊界漸及於葱嶺葱嶺者天之所以限中西也而泰西之俗習尚機巧船礟而外又喜用機器挖泥萬一將兩海開戈壁之地溝而爲一從其都城附近處至中國卡倫度水道旬日可到則害有不可勝言者事雖未必然然天下事恆患生於所忽敵乃得起而乘之謀國者欲防患未然其亦留意新疆水道乎雖中國與俄接壤之地自東三省以迄內外蒙古而達於伊犂無在不犬牙相錯即無在不宜設防然俄都歐洲其東境之

阿洲乃其邊境去國都甚遠地之肥瘠亦相懸殊設有邊釁在彼皆不甚便蒙古雖强不如前尙可爲中國屏蔽而伊犂一城去其國都稍近地又甚沃俄之垂涎於此者非一日矣故言今日之邊防西境視東境爲尤亟苟水道一通則内地商販及農工者流不待招而自集既可貿遷有無又可墾闢荒廢烏什永甯鎭城本饒銅廠更可講求礦利增局鑄錢以佐用度誠使百廢俱興稅課日裕從此修器械簡師徒屹然爲西北重鎭俄夷卽有變故靜以制之有餘也夫事機之來所爭者先後閒耳彼得其先則邊患堪虞我得其先則敵謀自阻故

愚以爲今日之備俄當自新疆水道始

登萊設省議

登萊在明季時曾設巡撫

國初以巡道隸東撫事權歸一比年以來洋艘叢集遂成海國通衢此又古今一大變局有心時事者宜如何措置而防禦之也陳資齋軍門海國聞見錄及陶文毅海運圖說謂天津東向遼海外對朝鮮左延金州旅順口右袤登州廟島海船之往天津牛莊者以登州爲會歸以成山爲標準成山毘聯石島爲南北扼要之所歸東洋汎水師所轄自此以南至鐵槎山歸南洋汎所轄其北從成山頭轉西至小石島歸北洋汎所轄通計山

東洋面一百零五島有二十五島爲航海所經而蓬萊
縣廟島尤大卽登郡治所也且登州一郡東懸皮島西
帀兩京形勢陡出海隅北與金州之旅順口隔海對峙
渡海最爲近便云云據此數說是登郡海道之津梁神
州之保障江浙閩粵自南洋而來日本之長崎對馬自
東洋而來舍此皆別無徑路溟渤關鍵險扼天成昔人
於沿海要區如江左粵東兩處皆層置礮臺設立四重
門戶今天津以東雖有大沽口扼塞登郡雄峙其外實
第一重緊要門戶其附近燕臺本前明奇山所爲西國
通商之埠華夷雜處政務繁多全賴重臣彈壓惟登郡

有緊要事件鎮道例不專擅每稟承東撫議行陸路離京一千八百六十里離省亦九百二十里往返稽遲動須半月而都中自東路通州而下由津門抵登不過兩三日間甚便甚近至輪船之駛入北洋更往來莫測天津牛莊間有凍阻登郡則氣候較暖利涉時多繁劇爲北洋之最邇來外夷屢尋釁端萬一據險稱兵何堪設想竊以爲登萊兩郡内則山岡復疊外則島嶼迴環幅員原非藐小又自裏島石島迤邐西南萊陽膠州皆大口岸也海口通商夙稱富庶如將登郡設省改道爲撫兼布按二司事添設標營分駐鎮城及皮島廟島之罘

島等處撫臣總理海防兼巡視旅順口熊岳水師鎮臣
則改水師提督節制直隸奉天山東三省兼予挂印以
重威望如此則指臂聯其使肘腋峻其防於國家因地
制宜隨時通變之方不無裨益

歸綏設省議

山西殺虎口外二百里有歸化綏遠兩城相距五里向設將軍都統巡道分治之黄河繞其西陰山環其北金河自城南而西匯於沙陵湖爲其内沼東入張家口至京千里實畿輔之肩背重地也陰山綿亙五百餘里足稱天險黄河遠自察罕誠門汗大喇嘛遊牧處西南而來歷貴德蘭州甯夏鄂爾多斯之境近歸綏界始折而南流歸綏諸水悉西注之糧米之接濟下流多由此運其上則河套往來元魏運糧舊路向雖未設水驛亦甚可行兼之衛藏取道西甯本近川西鑪地如使創造輪

船則駐藏及青海各大臣可於西甯交界處順流以達歸綏且歸綏管理旗民毘聯大漠實與漠北各重鎮聲息相通其主俄夷互市者爲庫倫辦事大臣在歸綏極北統屬四路蒙古者爲烏里雅蘇臺將軍在庫城西管金山等處駐牧者爲科布多參贊大臣又在烏城西北三城者均與歸綏鼎峙恰克圖互市章程彼以皮來我以茶往向來互市皆藉南方貨物而可考南方貨物之地莫如歸綏蓋東南自漢口樊城荆子關龍駒寨逾山至潼關西南自渠江漢水逾南北兩山至潼關貨物多從舟運自潼關溯河北上便可直抵歸綏商賈雲集旣

有資於互市而稅課日增并藉以聯絡各蒙古以資控馭亦防邊一大利也匪直此也哈密在京師西北而驛路反走西南至陝省西安始折而北經甘肅出嘉峪關一千六百里乃至哈密何繞道若是西疆大臣數十以路遠故夫馬供應往來驛騷苟由歸綏取道居延海則此弊可革其便捷亦奚啻倍蓰如謂水草不便彼定邊等處大臣往來阿爾泰軍臺橫絕大漠何未聞匱乏也如謂餉道不便今內外各蒙古受役如齊民何不以鄰省協餉壘分各近口使之挨程護送總之歸綏一隅哈密有陸路之便西甯有水路之便漠北諸城因互市而

撫輯各蒙古均無不便若復因地制宜將西北各驛站更爲釐定行見舟車輻輳冠蓋縱橫巍然爲京西大都會並於將軍都統中改其一以爲巡撫將清水河各廳及大同朔平屬豐鎮甯遠兩廳隸屬之於以西撫藩部東拱神京事無有便於此者又況歸綏爲雲中故郡盛樂舊都趙武靈從此襲秦秦人震恐元魏憑河而守赫連夏不敢離統萬此其險固沃饒控制形勝固又非他郡所可比擬者乎

永昌設省議

滇中邊郡永昌最西由永郡歷緬甸而西乃英夷屬部印度孟加拉城印度本身毒天竺轉音昔漢武欲從身毒通大夏道爲巂昆明所閉梁書天竺傳與安息大秦在海中交易魏書大秦傳水道通益州永昌唐梁定方撫輯羣蠻有擊之西洱河天竺道可通之請歷觀諸史印度於永昌向可一水直達而滇水皆來自西藏其下流歷南掌暹羅至越南嘉定省入海者爲瀾滄江在永郡之東其下流歷芒市木邦八百車里諸土司境至擺古東入海者爲潞江一名怒江在永郡之西經蠻暮會

大盈江經溫版會龍川江由新街水口至阿瓦城者爲檳榔江一名大金江亦經永屬騰越廳界張機南水道考謂三江順流而下可以出奇制勝問罪諸夷與漢家樓船下粤之牂牁江等是說也於永郡邊防大有關繫而路通印度究由何水往來從無定論及考瀛寰志畧與楚北所刊一統圖乃知緬都蒲甘城在怒江口英屬孟加拉城據雅魯藏布江與安額河匯流海口兩藏治所布達拉城扎什倫布城之水會合羣流而下爲雅魯藏布江又即永昌屬境之檳榔江證以前史印度一水相通之說益爲明著而亦以見永郡實爲沿邊扼要也

劉彬論全滇形勢亦謂永昌遠隔蘭津峻嶺崇山獨處極邊之末然地土肥饒城池堅壯内而屏障九郡外而鎖鑰諸夷西南重鎮無以踰此余猶謂其未盡也元明以來滇中邊患恆在西南邇來三江下流如越南嘉定省爲法夷肆擾割三省地議和緬甸海口如耶崑及波羅美巴森英夷又從印度而東占據其地其所垂涎不舍者尤在滇中永昌爲入滇門户其險固沃饒與雲南大理兩郡鼎足而三而左瀾右潞金江圜繞其外以之制馭蠻夷地形尤勝乃雲南有督撫司道大理有提督巡道永郡獨闕如設有疏虞噬臍何及愚嘗考永昌之

名始自東漢滇中郡名此爲最古滇省旣據蜀粤上游永昌又屏藩滇省實天下安危所繫似宜以永郡置省益以大順普麗四府景蒙兩廳壤地鎭以督撫大臣無事則彈壓土司經略邊境有事則秣馬厲兵循江而下爲國家備禦不虞所益於中國邊防者豈淺鮮哉

寧遠設省議

四川南寧遠一郡舊屬邛都國漢爲越嶲自齊至唐皆因之元爲建昌明設衛鎮以行都司

國初改府廳州縣其地自昔通滇路也今滇省入覲之路有自曲靖分者西路由霑益畢節永寧至瀘州東路由平彝普安安順至貴陽又有自貴陽分者正站從鎮遠辰沅至常德間道從遵義綦江至重慶此外自粵者又有二道一由宜艮至廣南折而東北達南寧一由宜艮直走羅平經西隆至田州大凡由滇起程皆陸路而無水路古稱水道金沙其實東川境內有虎跳陰溝洞

水路向不能行所有運銅水路如昭通府屬大關廳之鹽井渡永善縣之黃草坪及黔省威甯州之羅星渡均可由橫河而至敘州府亦去省甚遥無關緊要惟甯遠木瓜嶺爲南中水脊東北爲越巂河歸於大渡河從而入江西南爲安甯河歸於打冲河從而入金沙江若走川西水道逾嶺浮江正可由普渡抵滇池直通省會其自邛雅滎經而甯遠復自會理武定而雲南亦陸走建昌之孔道滇省悉廢置不行者因甯遠在省垣之北少西打冲河下流水口又偏向西南故也然使溯金沙江而上由賓川之箐旦河以逾炎涼嶺復浮洱海以下漾

濞江會瀾滄江於順甯北境從此溯蘭津而上即直抵滇邊之永昌郡夫復何難況陸道自鹽源永北大理至永昌地勢尤直蓋川省自甯而永一徑西南於道爲順浚江設埠水陸兼行於事爲便川西饒沃轉運濟邊於國又大利前明爲雲南而貴陽置省今甯遠之於永昌猶明代貴陽也況全境東錯夷疆西聯番域近接滇之永北中甸兩廳外環金沙江內繞打冲河打冲上游爲鴉礱江班志稱若水即上古昌意降居之處金沙江本稱繩水其自南折東之所爲雷波廳界西又與甯遠毘連兩境溪河若接所隔一嶺而已吳楚之溯重慶瀘敘

以上者并可自雷抵甯不走滇江灘險而舟航接運攸往咸宜信乎西南扼要之區無過甯遠若以其地方遼濶兼漢夷雜處視爲邊鄙而無甚經營深爲可惜如將甯遠全境益以滇之永北中甸兩廳扼江爲塞並開闢涼夷吐番徧置郡縣并創設巡撫兼布按二司管理水陸驛道永鎮西南於邊防得指臂之助於江路求咽喉之通一轉移間似若兩有裨益

閩粤建置議

中國海疆遼濶奸民出洋𠫊聚所在多有而閩粤稱逋逃藪英法諸夷之入中國毎由長沙門否則沙馬崎頭門皆閩粤當其衝閩之漳泉粤之潮惠壤地相接械鬬情形亦相似而潮州處粤省東地近臺灣尤稱難治第其形勢實天成省會之地無論孤懸海島如南澳者隱然福郡海壇卽郡北之三河壩今僅設巡司未置郡縣而總束上游諸水亦無異延平若使合閩粤邊境爲一省開府於粤之潮州以潮州嘉應全屬及海豐陸豐並割閩之漳州龍巖全屬及厦門馬港同安長汀上杭永

定武平以隸之於海疆防禦事宜最爲有益臺灣一府向設廳縣無多近今開闢生番尚未置郡而幅員之廣大物力之豐裕爲東南數省藩籬將來廣置郡縣建省設撫勢不能已惟臺島中權扼要首推彰化彰化居南北之中離鹿港者二十里由泉郡蚶江而來海道止四百里較之廈門至鹿耳門實爲近便則彰化亦臺島置省之地也竊謂閩督宜移駐泉郡統轄福潮臺三省居中策應自無顧此失彼之慮若夫粵督之坐鎮廣郡由來久矣向嘗分駐肇慶謂可兼顧西粵不知兩粵適中之地在梧不在肇況廣郡負山阻海居五嶺之中扼三

江之要且自惠郡平海以西至肇屬陽江縣境內海外洋控制已極遼遠督臣斷難舍廣他駐此外濱海而稍稱簡僻者莫如雷瓊高廉然地方極大離省極遠廉郡海角天涯昔人建亭以誌瓊島孤懸海外與越南之白龍尾順化港對峙一旦南洋有事此四郡者皆天南重鎮乃省會既鞭長莫及而巡道駐瓊勢又不相統屬何以爲治嘗考四郡適中之地當在雷郡元時置海北道於此似宜仿而行之設省置撫而遙統於粵督庶幾內以戢盜外以撫夷於海防最爲有益不特此也閩粵治險以狹海洋島嶼星羅碁布如厦門汕頭與澳門香港

夷市閩粤兩督均得稽察而主持之於以通夷情廣稅額所益於中國洋防者豈淺鮮哉

覆瓿叢談卷上

甥繆朝荃校刊

覆瓿叢談卷下

太倉吳曾英東軒著

目錄

擬班超請開西域疏

臣超言臣見匈奴之盛衰與西域相終始前代未收西域時西域賦稅悉領於匈奴僮僕都尉以故恃其富强熅侮侵掠漢家歲致金絮繒綵猶寇騎斥於勾注烽火通於甘泉人不安居邊無甯歲迨至日逐王來降之後都護鄭吉兼護南北二道又置戊己二校尉屯田車師由此匈奴衰弱單于來庭前代宣元之世非富盛於文景也然而文帝景帝時匈奴之强若彼宣帝元帝時匈奴之弱又若此其故由世宗孝武皇帝深維大計命將出師開河西四郡收西域三十六國以斷匈奴右臂勞

動在一時子孫蒙業而安累代受福豈好勤遠略哉誠有所不得已也自王莽改制妄爲西域因之怨叛始復役屬匈奴世祖已定天下中國粗安置之不問于寘莎車自相攻擊而焉耆尉黎龜兹等十五國之兵復被匈奴徵發潛謀寇鈔蓋中國不可一日無西域也審矣邇來匈奴分二北部桀驁無禮幸賴車騎竇憲征西耿秉度遼鄧鴻奉指授方略率南部之衆大破北虜皇甫棱代爲度遼又統南部直抵虜庭單于遯走副校尉閻槃右校尉耿夔咸著厥績單于之弟於除鞬自立於蒲類海款塞內附中國因而立之然其心叵測其勢可乘何

則單于之庭南直西域彼蓋藉賦稅以自强冀如前代若不及今經理令水土肥美之區爲所專制藉寇兵而資盜糧愈長天驕一旦連結羌戎勾合烏桓鮮卑侵凌南部邊境將不得安息臣恐平城之圍棘門灞上之警再見於今日也方今匈奴困敝宜乘此時開玉門之關起蹛澤之亭復輪臺渠犂之田令西域長如前代時彼匈奴雖嫚侮必將來享來王角崩恐後臣愚以爲千載一時久安長治之機不可失也臣超昧死謹上

設險守國論

嘗謂恃險失險二者均過昔者縣竹不守西蜀云亡成臯大峴不守前趙與南燕覆滅此有國者所深戒也九邊險要無過長城大道曰關小道曰口若偏關若甯武若雁門爲外三關若居庸若紫荆若倒馬爲內三關此外喜峰古北獨石以迄張家口殺虎口尤稱形勝王公設險於斯爲大況今南北一家內蒙古五十一旗外蒙古八十六旗悉隸典屬於烏里雅蘇臺有將軍於科布多有參贊於庫倫有辦事大臣均守在俄夷交界或設鄂博或設卡倫或設柳條邊與西之葱嶺崑岡東之白

山黑水遥爲鼎峙非前代以燕趙秦晉爲邊塞者可比然今天下大勢又在水不在陸自嶺南至遼左一片汪洋無復藩籬之限西國又用輪船電線呼吸相通幾似無險可扼不知陰沙暗礁布滿大洋其落漈爛泥尾萬里長沙千里石塘等舟船向不敢近所可横行直駛者止長沙門沙馬崎頭門及天堂門五島門而已此亦海國形勢天設之險以限中外者也竊謂海疆防守大局當分三路粤閩爲一路吳越爲一路燕齊爲一路粤閩最居險要西國之船由地中海駛蘇爾士河浮紅海印度海亞丁錫蘭新嘉坡以達香港厦門粤閩首當其衝

三山五羊之間時虞侵軼所幸虎門廈門南澳海壇等島嶼環拱將弁星羅互相策應於南洋或可無慮耳燕齊外障朝鮮登郡最爲阨要北與旅順對峙天然門戶北洋重鎭無過於是倘得大臣統轄三路復於廟島皮島之罘島等處添設礮臺層層控制則天津牛莊猶處堂奧也吳越財賦要區上海一隅尤四大洲總匯在通商十四口中最爲繁劇非但西國從香港來者趨之若鶩近且由大東洋取道日本從橫濱神戶長崎徑入吳淞別開生面防禦之謀云何得已伏思大江入海之口斜向東南而東南島嶼以陳錢爲要害由陳錢而洋山

殿前馬蹟大衢恍如驛傳昔人有言之者矣前明胡宗憲議設總鎮於陳錢分哨洋山馬蹟大衢據險而守以重江浙門戶洵碩畫也今誠參用其策創設東洋水師統轄江浙洋面兼募漁勇聯舟會哨令聲勢上接遼陽下連嶺嶠未始非中權阨要思患預防之長策也至南北海疆之島嶼地廣而險如南澳大奚山周圍各三四百里海壇玉環山周圍各七百餘里其他一二百里數十里者更不可勝數揆其形勢正天造地設之郡邑也乃沿海之沙洲島嶼極多而濱海之府廳州縣極少聽其荒廢棄而不守或永爲逋逃淵藪或如澳門香港被

外夷垂涎占據可慮亦可惜如就幅員廣狹悉設郡邑大者分治數縣小者合治一縣俾小民開墾升科立子孫長久之業繭絲保障亦足兵足食良圖也古人云治險以狹又云一寸山河一寸金況今大海諸山皆饒魚鹽財用足以供賦稅裕度支即使建置之初不無耗費錢糧斷不至如西域新疆歲需協濟且濱海人多强悍撫而用之悉洋防勁卒也沿海地皆迴抱環而扼之即海國長城也此其爲利於國家豈淺鮮哉

論今南洋各島國

中西關鍵全在南洋今欲嚴中國門戸之防絶外夷覬覦之漸必自經理南洋始南洋諸島東西環繞儼然海國長城殆天造地設之險以保我中夏者也漢以後職貢稱臣共球相屬南洋從無西夷患梁書天竺傳稱與安息大秦在海中交易不聞設埠也唐書訶陵傳稱大食畏悉莫之威不敢加兵不聞據土也是時嶺海朋珍寶山積中國榷其賦稅以裕度支號爲南庫島國之利抑亦中國之利也逮有明中葉蒲萄牙西班牙荷蘭接踵西來蒲萄牙據滿剌加池問漸及内地之澳門西班

牙襲取呂宋荷蘭則攘奪瓜哇三佛齊蘇門答臘浡呢文萊馬神吉理問諸國地又鼓棹月港盤踞臺灣肆擾舟山普渡雖逾時揚帆西遁然彼西夷巢穴已布滿南洋矣邇來英吉利法蘭西內侮之始又皆以南洋爲逆旅所用夾板火輪船往來靈速近者一二日遠者五六日徧歷諸島由諸島以達中國亦復如之方今南洋濱海之國印度全境爲彼所有即越南暹羅緬甸素隸典屬者亦皆割地輸金受其挾制外以南洋中荒島如澳大利亞巴布亞西里百摩鹿加等處大小無慮數十彼皆墾闢招徠日漸富庶處心積慮可爲寒心履霜堅冰

其來有自嘗慨有明之假以澳門及置呂宋瓜哇諸國於度外者實與棄大甯東勝河套哈密同一失策元代好尙武功史彌之征瓜哇亦不爲無見惜功未立耳至今日而盤踞有年欲如鄭氏之驅逐紅毛固萬不可得惟西夷迭相强弱頗有六國縱横氣象近則德奥稱雄西土幾與俄美並駕齊驅英法聞已稍遜至荷蘭葡萄牙於西夷中最爲弱小西班牙亦非甚大其横噬南洋將來大有變遷實可預料卽如亞墨利加本英吉利屬部自華盛頓起而立國至今與諸大國抗衡我未見南洋諸島中國民人立業者以億萬計必無華盛頓其人

也且美之開國以英人殘虐故今中國商於南洋者亦多畏苦若設官其地與之立約不准掊克聚歛虐我商民彼不奉約則偕各國公使執萬國公法與彼理論如商民中有雄傑出衆者授以領事等職俾審其山川之向背圖其幅員之廣狹測量其海道之淺深并偵探西夷動靜以聞西夷如勾引東洋潛謀爲害中國可先事預備此卽漢家隔絕羌胡之微意也況今器械精良仿模西法海疆有事命將出師參用夷夏漢鼂錯有言以蠻夷攻蠻夷中國之長技也於南洋乎何有

太原辨

今天下郡縣之名太原最古書禹貢既修太原至於岳陽詩小雅薄伐玁狁至於太原周語宣王料民於太原左氏傳晉中行穆子敗無終及羣狄於太原燕策李信出太原雲中漢志太原郡秦置史冊所載詳哉言之而其得名之始世無有辨其實者竊謂太原之名因冀州而起惟禹貢冀州始有太原之稱此書法也此作史之體例也夫洪水橫流之世懷山襄陵治水莫急於畿甸禹貢冀州水名僅衡漳與恆衛豈冀州別無大水歟周禮職方所載河內冀州其川漳其寖汾潞漳有清濁二

源潞即濁漳又即衡漳班固地理志上黨郡長子縣鹿谷山濁漳水所出東至鄴入清漳又沾縣大黽谷清漳水所出東北至邑成入大河過郡五行千六百八十里冀州川太原郡汾陽縣北山汾水所出西南至汾陰入河過郡二行千三百四十里冀州寖禹貢言漳不言汾說者謂太原至岳陽當是治汾水不待辨而知也不舉其名可也顧禹貢於他州之水皆稱名雍州則黑水弱水涇渭漆沮灃豫州則伊洛瀍澗滎波澤盟豬揚州則淮海彭蠡三江震澤荊州則江漢九江沱潛兗州則濟河九河雷夏灉沮青州則濰淄徐州則淮沂梁州則黑

水沱潛何獨於冀州之水名反從其略然而禹貢敘冀州非略於汾水而不舉其名也能辨乎太原之名義斯得之矣堯時帝都平陽濱臨汾水汾水爲帝都大水自當因大取義大太古通太原是大水之原原與源亦通顏師古於前漢食貨志猶塞川原爲瀆洿也注原謂水原之本者近是且汾之應稱爲太者其說有二凡名號有少必有太星有少微有太微職官之師傅保有三太三少而水亦有稱少者在冀州界中左傳戍郫邵封少水戰國策我起乎少曲一日而斷太行此少水皆指沁水汾沁同是帝都著名之水汾尤近而大沁水既名之

以少汾水自當名之以太此一證也且太與泰名義相
協太一亦號泰一東岳泰山舜典稱岱宗禹貢海岱岱
畎皆稱岱職方於兗州山鎮亦曰岱惟春秋左氏傳鄭
伯請釋泰山之祀而祀周公詩魯頌泰山巖巖魯邦所
詹均稱爲泰夫魯頌魯詩也春秋魯之史也尊崇其
境內之山而言泰猶職方載冀州山鎮曰霍而禹貢稱
作岳陽之岳於導山必稱太岳亦尊帝都而言太也山
水本是一例霍山既有太之名汾水自當受太之號是
又一證也況冀州不言疆界者所以尊帝都示王者無
外之義太原名義當亦類此吾故曰惟禹貢時冀州始

有太原之稱此書法也此作史之體例也

羅浮書館卷

漢時匈奴遊牧所在當今何地對

漢時北方之國匈奴爲大嘗按漢以前游牧諸國妄以今地名私意測度誠有不盡符合之處太抵吉黑兩省古穢貉也薊遼宣大與北口三廳承德一府及內蒙古東四盟察哈爾東四旗古東胡也太原平陽之北境及內蒙古西二盟察哈爾西四旗古樓煩也延榆綏平慶涇鞏秦階古義渠也蘭夏甯甘涼肅安鎮及阿拉善額濟納青海古月氏也伊犁烏魯木齊塔爾巴哈臺古烏孫也哈薩克布魯特及霍罕古大宛與康吉也惟漠北喀爾喀四路則自古匈奴之地其北科布多烏梁海及

俄夷之西伯利部殆卽古之渾庾屈射丁靈鬲昆薪犁諸國地歟自七國時秦滅義渠趙逐林胡樓煩燕卻東胡千餘里地始與匈奴接太史公云冠帶戰國七而三國邊於匈奴卽謂此也蓋匈奴乘義渠樓煩有事渡漠而攘奪其北境樓煩之白羊王遊牧河南且為所役屬至秦始皇收河南地因河為塞徙罪人以實之俄而諸侯畔秦戍邊者亡去匈奴復稍度河南亦會冒頓強盛破滅東胡西走月氏南并樓煩之白羊王而河南復為匈奴有漢文帝時匈奴夷滅月氏居以休屠渾邪兩王又西擊烏孫役屬西域三十六國而匈奴益強遊牧徧

於北方大爲中國患漢武帝起而闢之先逐樓煩於河外繕秦時故塞復遣衞青霍去病連歲擊匈奴匈奴遠遁幕南無王庭東拔朝鮮穢貉以爲郡斷匈奴左臂西降渾邪休屠兩王開河西四郡通西域三十六國締姻烏孫加兵大宛威震康居以斷匈奴右臂從此漢爲之罷敝而匈奴亦衰弱矣先是單于之庭直代雲中左方王直上谷右方王直上郡以今地證之是其遊牧處已包內外各蒙古及河隴以西地建牙之所在今山西塞外東西分治在今直隸陝西塞外厥後匈奴不競單于益西北左方兵直雲中右方兵直酒泉燉煌郡是今甘

肅北境及山陝交界之邊外爲其東西界限至薊遼宣大以北又被鮮卑烏桓乘虛襲取非復匈奴遊牧矣至後漢時南單于款關內附遊牧於塞內及近邊西晉時劉淵以五部之衆稱帝平陽無復以遊牧爲事匈奴前後之形勢大略如此然其吞幷諸郡抗衡中夏在漢時爲極盛惜駐牧何地史無明文不似唐突厥回紇之建牙詳載在某山某水也今欲以中外輿地山川印證漢魏隋唐典籍爲問漢時匈奴之所遊牧邈焉無可考矣故今日止可渾而稱之曰北庭以大漠爲綱領北匈奴居漠北南匈奴居漠南又止可質而言之曰南匈奴遊

牧之地今內蒙古所居是北匈奴遊牧之地今外蒙古所居是

海運河運議

運漕之道宋時天設二渠曰蔡曰汴今日天設二渠曰海曰河議者多侈談海運謂今黄河自利津入海汶水隨以東北張秋至臨清一路勢成平陸欲浚之使深恐引河入衛變生意外爲運道之故而挽河南行又費繁難集若浮河達海易船由利津至天津不如徑行海運之爲便顧自來漕運之抵通道出天津天津爲通商大埠洋艘叢集每易生事脱有他故運道中梗此河海兩運之所同患也海運又口岸一定别無變遷然則改絃更張其道安在伏査大通閘河形勢家每言宜塞殺以

積水潭之稱南海子者疏鑿深廣仿廣運潭規制上導玉泉山之水下截龍鳳諸河之流西入永定河形勢最得且可引運永定河南行之故道由看丹口徑固安霸州至會同河即今金門閘減水引河保定縣與霸州南北相望由縣西南歷河間深州悉甯晉泊洩水故渠更歷冀州新河廣宗邱縣西上廣平縣皆漳水分流之道惟廣平縣之南直高隄鎮者向無河形如再開通水道可溯衛河而上歷道口淇門徑達衛輝衛與沁又相距甚近自元迄今開鑿多言不便非常之原黎民懼焉然使於沁水下流仿南旺制度創設分水閘壩以十之七

入河十之三入衛妥在不可開通昔隋之引沁水開永濟渠也南達於河北通涿郡非其彰明昭著乎況沁水入河之處地名木蘭店者東南與朱仙鎭遥對西南與伊洛會合之孫家灣一水相連沁衛既通漕運亦張弛隨之盧鳳之漕可不走洪澤湖徑由正陽關周家口以達朱仙鎭其上或開石門通河或如天妃閘車盤船隻均無不可江右楚南現辦改折昔皆漕運如以江右之漕道九江漢口而上楚南之漕道岳州新隄而上巨舟悉達樊城再自樊城易船溯流逾山以浮伊水則可徑達孫家灣矣又川米饒於他省夔州爲全川關鍵滇黔

銅鉛亦道經於是而夔州與楚北鄖陽止隔一山中州之內鄉淅川又與鄖陽水道連接由西峽集逾山順流其路亦通孫家灣則川省之來逾山者與江右楚南之來逾山者若一其間大川細流皆堪任載一疏浚之亦漕運通衢也都畿在東北而控引西南莫良於是加以嵩縣等處產稻而善營水田河內濟源之間渠流灌溉菽粟饒多悉可隨便挖注并可挽漕舟之抵張秋鎮者溯河入沁引而致之都下有三利存焉順水之性河不回南而漕舟北上免走臨清以南淺段一也漕渠淺深不定衛漳底績而畿輔無衝決橫流二也天津設有不

靖漕路迤邐西南如行衽席之上七邑不驚倉儲恒足三也以視海運之必於天津者其相去爲何如邪統計此河所開不過直隸河南三處實地餘皆就故渠而深廣之經理尚不甚難於此時亟宜設法開通河海並運天津無事可相安有事則閉關拒守專事洋防卽寸板不許往來當無窒礙難辦之事又何虞仰食東南有或撓之而或阻之也哉所謂極河運之妙濟海運之窮者此也合而論之權宜之計趨利逐便以海運爲良圖經久之謀度勢審時究以河運爲長策或慮永定河之水湍悍不堪濟運則自石景山以上至宣大等處廣築陂

塘並可截流種稻凡水合之則強分之則弱其害當大減水田百畝足敵旱田五百畝其利當大普或又慮北方斥鹵不宜稻何以正定之平山一縣經山西人墾闢營種稻田三萬餘畝已有成效竊謂河渠之通塞運道之安危當從上游講求宜設稻田務於山西省分山西最稱饒富人善營生唐時引晉水潞水涑水文谷水古堆水中條山水溉田尚有遺跡可考又永定滹沱漳沁諸大川發源俱在山西境內誠使治田積粟上收灌溉之益下免泛濫之虞燕趙間順軌安流舟行無阻即使偶有缺乏附近採辦少佐南漕更如腋下取物此尤根

本大計有可與河海兩運兼營而並權之者若夫直隸
至山陝有漢時石臼河渠一水相通之故道則又當於
漕運大通之後徐而議及之者也

書賈讓治河策後

此策經靳文襄夏徵君論定本非淺識之士所可置喙顧黃河爲中國患自古然矣禹後治水能臣漢有王景元有賈魯明有潘季馴無出築隄禦水一法賈讓在西漢大旨以地予水及束水行於高地爲主穿渠引流隨水旱節宣猶可轉禍爲福若墨守成法徒救目前終歸無濟此蓋有慨乎言之惜當時未見施行耳竊謂讓之中策施於今日最宜其言若有渠溉則鹽鹵下隰填淤加肥故種禾麥更爲秔稻高田五倍下田十倍轉漕舟船之便此三利也世謂河流有害無利獨不思涇水富

關中漳水富河內昔人於淤田之法極意講求恒收一水一麥之效今若於遙隄縷隄閒仿而行之亦何不可至藉河渠以種稻甯夏以外無聞然如渭洛汾沁上源流微易引若仿南省陂塘之法鑿山派泉蓄水以廣種禾稻當可收穫豐盈且河自塞外來會合羣流而大上游多一溪泉即下游多一泛濫勢每相因誠使遏截羣流留以灌溉自可稍殺其勢視下游之多開減水河者利害相去遠矣又黃河自三門以上春初時皆可行舟鹽船木筏往來不絕明代有論及此者今自永濟滎河韓城郃陽朝邑諸縣均有上游之船販運米穀蓋其上

禹門鎮大船窩再上而大鐵哨溞口直抵歸化府谷葭州水次皆圓船方船之更易裝載也更越河套而西南甯夏中衛並有商船來往惟圭門以下河流湍悍舟楫無多僅有一種號西河牛者運用不甚靈便查唐制河中沿流之船日行一百五十里空舟泝河止四十里今上水極快而急溜亦無妨礙者莫如火輪逆駛之船設以招商局輪船試行河中並於張秋鎮木蘭店孫家灣各處量設船埠從此泝三門而上至潼關水口及大船窩不特秦晉齊梁貨物流通便於車輛且輪船梭織往來水常震動沙不停留河身亦有洗刷之益即使間有

淤淺不便行舟而西國挖泥機器河海可浚若於三汛前後隨時開挖何難化淺爲深再者黃河自利津出海斜向東北若復於入河之諸大川水口築隄建閘隨風勢爲啟閉風從東北閉渭洛以啟汾沁風自西南閉汾沁以啟渭洛俾能以風刷水或亦束水攻沙之一助乎漢張戎言水性就下行疾則自刮除叉洪範水曰潤下潤言其功下言其性棄其功而拂其性神禹亦無能爲力茍有明乎此以治者又何害不可除而利不可興乎吾故於讓之言三利而推廣及之

覆瓿叢談卷下　甥繆朝荃校刊

舅氏東軒先生邃於輿地之學閒有箸述多未成書年來編爲搜訪釐次二卷上卷從叢殘錯雜中就文義聯貫者排比成篇共存七首下卷即上海求志書院所作亦存七首馮竹儒觀察評云精核如胡東樵倜儻如顧震滄奇闢如王薑齋根柢盤鬱波瀾老成望而知爲宿學其推重如此先生又有上錢敏肅公書時以捻氛甚熾累數千言指陳時事不知其稿尚在否題曰覆瓿叢談從先生之舊也光緒五年己卯冬十二月甥繆朝荃謹識

卅六芙蓉館詩存六卷

光緒戊戌冬仲

無定施肇熙署

此冊誌張孫鄂廣文遺著也其弟子繆蘅甫中翰編校既竟屬余覆勘并助刊貲爲東倉書庫叢刻之

廉叜并識

施氏木生

卅六芙蓉館詩存者先師太倉張孫鄂夫子之遺集也乙未秋同學繆君蘅甫以扶風及門之長受君時把臂之言軫羽陵飽蠹之思爲剞氏開雕之計以宗瀛班聯桃李誼託葭莩委以編摩命爲喤引夫陽文之姿非容成不能描也白雪之操非青琴不能協也宗瀛識迷三昧學廢一官夏蟲語冰有生所未習羚羊挂角何迹之可尋而回思立雪之年渥被春風之化茅容學業都賴林宗謝朓文章最奇思遠感恩知已豈得無言夫子西銘華胄南國才人王基許爲聖童溫嶠驚爲英物目澄秋水破萬卷而非多筆淬吳鉤埽千軍而猶少凡中壘

七略公曾四部三萬言丁寬之易說十三篇孫子之兵書莫不流覽董帷飽充邊笥其行氣也若三峽之奔流其取材也若五都之列肆其騰光也如鍾山之龍燭其運巧也如銀漢之鴛機每當騷壇拔幟藝苑交綏五斗助焦遂之談七步鬬東阿之捷十盪十决運陳安之蛇矛一縱一横折充宗之鹿角得元方爲難兄則諸昆氣壯見王戎之小友則儕輩頭低方其弱冠游庠固已智作儒梟雄推筆虎焉既而束裝別母挾策摩燕以雲間之士龍爲日下之鳴鶴長洲彭文敬公方參揆席夙耳文雄敘韋叡之同鄉招嘉賓而入幕春風楊柳住海淀

之宮園晴雪梅花和相公之高唱西山雲氣都入裁

南苑湖光盡歸奔放韋應物五言製就妙絕時人劉夢

得七字裁成目無餘子斯時也士林爭鈔其篇什公卿

咸記其姓名以爲排金門入紫闥琴箏五典黼藻九流

壓元白之才名駕許燕之手筆特指顧間耳孰意才擅

雕龍命成磨蝎小宋已魁藥榜匡衡仍滯明經庚午南

闈首場已擬魁選三場奉太師母訃奔歸淮陰之赤幟

方登偉元之蓼莪忽廢龍門點額偏遺領隊之魚鶯輩

成名竟老追風之驥人尤惜之又復中更寇難壯歷戎

行桓元則空叩智囊馮公孫常坐大樹軍事平而未持

毛檄頭銜換而祇舞萊衣遂至苦縣暫歸勞亭再出感長沙鵩鳥之賦腸斷楚游動秋風鱸膾之思病還吳下伯鸞高隱已無舉案之人雛鳳早夭并乏應門之子賸惠連之愛弟而遠隔滇雲撫阿買爲佳兒而又先朝露搔白頭而更短坐絳帳以無聊身世如斯情懷可想曷怪巴峽萬疊但寫牢愁濁酒千杯難澆塊磊乎然而兵戈之況身受者誠苦而以形歌泣則最工羈旅之事客游者誠悲而以紀山川則甚壯杜少陵歌行傑作半出亂離蘇玉局嶺海歸來自饒奇肆夫子道長半生時逢多難著從事衫借前席箸登陴長嘯臨陣高歌忠勇本

於性天意氣流於楮墨將詩作史以諷寓規所謂子山江南之賦別具哀情景陽劒閣之銘不同浪詠他日壽諸梨棗播在藝林豈惟傳誦一時亦且不祧百世者也嗟乎夫子歸道山四周星矣方干不遇需須身後之名元結雖亡賴有篋中之集覩琳瑯之滿目恍山斗之親承惟恨學比家貧文同宦拙未入曲江之宴已負鍾期每看甫里之編更慚襲美則是刻也人購元才子之宮體自當紙貴洛陽而我念歐陽詹之遺徽祇有淚同徐晦也已

光緒丙申孟春之吉受業梁溪楊宗瀛拜譔

余與孫鄂寅叔昆季丱角交也孫鄂長余八歲寅叔同庚生道光己酉庚戌間偕試玉峯先後見知於宗工心思學問契合無間孫鄂天分尤高博聞强識卓越儕輩咸豐庚申同挈眷避兵寅叔攜弟芍園遠徙洋河孫鄂奉母與弟季美居瀛洲去余寓甚近患難中晨夕不離同治壬戌癸亥各應大帥聘襄營幕出入戎馬間猶時通音問粤匪難平同回鄉里寅叔以乙丑進士由銓曹出宰滇南孫鄂不得志杜門箸書文名噪大江南北主尊道安道兩書院講席問字者屨恆滿戶嘗泛扁舟顧余脱帽縱譚酬吟狂笑而余亦時常入城一燈相對尊

酒論文意甚得也光緒壬辰秋九月卒年六十有五所作詩文博雅典麗才氣豪邁士林爭鈔惜無詮次而傳之者卅六芙蓉仙館詩存六卷殁之四年及門弟子繆蘅甫中翰編輯寄宗囑爲校讐回首曩時孫鄂與余暨王穀生槎生視搴芷諸同譜唱和之作倘多耍皆散軼想見此稿之遺亦祇吉光片羽而已嗚呼孫鄂昆季芍園最幼殁於遼左季美回里亦早世皆儁才也孫鄂歸道山之次年寅叔又卒於官少年同學落落如晨星矣搴芷槎生諸君宦遊之江或十年或二十年不獲一見余與孫鄂交最久而尤密今其昆季無有存者感念疇

昔能無愴然校既竣助貲以付梓人并書數行不禁淚涔涔下也

光緒戊戌仲冬廉娈施肇熙

卅六芙蓉館詩存卷一

太倉張曾望孫鄂著

春帖子詞和錢頤壽丈寶琛元韻

黍管纔吹歲序更書雲史奏八垓平九重宣下蠲除詔紫鳳銜來第一聲

氛祲冥冥歲月淪竹西鼓吹喜重新珠簾十二齊高卷一路春風野雉馴

中流畫鷁接汀洲鐵甕烽煙轉瞬收一派江波平似掌看山重上石帆樓

卅六芙蓉館詩存卷一

捷書昨夜奏
彤墀
綸綍輝煌雨露施要識元封天子聖祁連山下紀功碑

潮音菴紅牡丹畫冊

錦官城霞十丈紅化人擕來東海東春風昨夜差解事
碧天吹墮光熊熊習禪偶參辟支佛聽經臺畔煙光籠
雲車昨展金枝莖日輪忽挂扶桑弓一枝欲坼凝火齊
二枝已吐明丹砂一枝側出一枝俯煙鬟玉佩熏朝霞
初疑散花之仙弄詭譎葛井染出花顏酡又疑摩登鹿
女示奇異花片銜自胭脂坡我聞佛法貴清淨空明不

受纖塵遮此花託根香火地所貴潔白韜其華何爲現身乃色相丹藭紅纈紛交加縱爲世人娛耳目恐與佛説終牴牾我佛聞之囅然笑謂爾此言毋乃迂即色即空有眞諦膠柱鼓瑟何爲乎

過香禪畫隱廬追懷語石上人

萬梅花擁一茅堂舊是生公説法場塔影頹煙鈴語澀棋聲闇雨石幢涼祇餘壞壁留殘墨曾聽楞嚴到上方芋火功名徒觸撥十年前事負支郎

蘭亭秘搨昭陵本庋閣曾傳老辨師鉢咒墨池龍聽講畫題貝葉鳥窺詩淒涼巾拂隨身日游戲機鋒脫口時

今日虎溪重彳亍怕聽流水響澌澌

老儒

十萬牙籤架上橫掩關終日擁書城幾人晚達如轅固一代經師是伏生金紫儘多門下士丹黃合享後來名青氈本屬吾家物分付兒曹莫看輕

老將

十五從軍膽便豪焉支塞上戰功高防秋久統貔貅旅破虜深儲龍虎韜諸將朔方歸節制單于北部識旌旄嫖姚功是何年署認取征蠻帶血刀

老僧

案上楞伽已徧繙鈍根除卻換靈根六時薝蔔禪心定五夜蒲團佛火昏黃蘗早耽初祖法紫衣屢拜上方恩傳燈喜有支郎在第一禪宗不二門

老漁

打頭晴雪荻初花理檝收筒日未斜偶憶舊盟尋鷺社强支殘醉試魚叉風波世外閒雙槳燈火船頭聚一家網得銀鱸休論值秋來隨處足生涯

老女

長晝懨懨鎮掩幃嬾將錦帶試腰圍茝蘭江上蹇修遠豆蔻梢頭信息非疏雨房櫳春欲暮夕陽樓閣燕初飛

香車陌上東鄰子攜得雛鸞緩緩歸

老僕

莫作尋常廝養看護持家政力幾殫傳書地遠門庭熟
投刺人多應畣難白眼每嗔僮輩嬾丹心常說主恩寬
出門西笑長安去仗爾殷勤爲勸餐

老丐

散盡黃金莫療貧乞憐終此困風塵半生衣食飄零感
一杖江湖自在身青眼未逢遲漂母朱門已攺誤齊人
掉頭且復酣眠去好把梅花作四鄰

老妓

北里煙花舊擅場紅兒才調雪兒妝竭來羅綺渾如夢
不信溫柔尚有鄉囓臂盟寒香釧卸纓頭錦少舞衣涼
潯陽江上秋風早一曲琵琶淚萬行

歎逝篇爲畢雄伯 庭杰賦

畢生手持三寸管才氣磅礴嗤喁于驊騮十萬埽瞥眼
鷹隼一擊空平蕪自言心服杜陵叟味如食蜜中邊俱
有時校勘得新意箋注翻笑蟲魚麤春風裙屐競選勝
小桃紅徧城之隅酒酣賭韻輒叫絕君當齊晉餘曹鄶
白日堂堂去可惜瞥然竟棄終童襦純鉤三尺湛秋水
疲僮羸馬燕山逐燕山貴人差解事投贈不惜千明珠

太行山頭冰雪坼滹沱河水琉璃鋪詩成雲氣滿襟袖
恍披五嶽眞靈圖汗血空傳代朔馬掉頭且釣吳淞鱸
入門一揖瞋相視鬚眉還似年時無炎風六月旱母虐
長官鞭扑催輸租君家附郭苦涸鮒瑟縮意氣消肌膚
臥牀執手刺刺語談詩猶復窮形模劉蕡下第李賀死
才入坎壈噫可吁我生落落寡交契士衡一哭雙瞳枯
謂陸似涵其餘諸子亦磊落浮沈京洛多飢軀賴君胸臆殊
坦直磨礱切琢砭我愚翩然又騎白鶴去誰實爲之其
天乎吉光之裘已零落片羽價重同璠璵緘題檢點寶
什襲休令俗眼生睢盱哭君詩成君倘知與君夢裏商

瑕瑜

三十自訟

浪游草草漸中年，潦倒愁懷說酒邊。幕府山頭聽角語，妙高臺上叩詩禪。墊巾捉麈都名士，短褐論交盡少年。一自扁舟揮手去，過江人物散如煙。

青溪楊柳鎮便娟，怕唱秋風懊惱篇。徐福樓船悲士女，劉安雞犬渺神仙。鴦眉自昔多騰上，蛾黛從今祇自憐。留得傾城好顏色，天涯應有杜樊川。

謝家諸弟秀茗蘭，案上遺書玉躞完。輕薄漫沾才子習，艱難休怨腐儒餐。那堪世上驚心局，好是人前吐面乾。

盼爾年年磨鐵杵養成六翮九霄摶
營齋元九眞多悔成佛生天費我猜願乞慈悲容接引
斷無魂夢與徘徊隴頭何處牛眠地江左空傳騎省才
一事夜臺差慰藉蘆花猶未疊衣來

陸毅菴丈希提輓詞

老輩彫殘甚如公又溘亡柳車歸盡魄杍社失靈光淸
要南宮望超騰北冀艮儲邊隨礦使傔直重仙郎宦跡
鴻泥幻官程驛路忙皖公山上月余闕墓前霜按部塵
淸牘澄觀鏡在堂懸蒲龔渤海臥閣汲淮陽夢兆三刀
證烽煙八桂長羅平飛怪鳥突噬走封狼潁尾妖氛黑

淝河戊火黃六團屯豹旅萬騎壯龍驤草檄晨看劒飛符夜裹創長江俘道覆新市縛王匡露冕邀殊錫冰銜荷上方龍蛇君子厄圖象部民藏惡讖符瑰淚招魂奠桂漿褒忠天語摯題表勒瀧岡

送陸憩雲比部奭棠入都和葉賀甫敦義韻

揮手江湖舊釣徒北平風雪滿征裾乍開詩酒簪萸社忍看河梁折柳圖九曲卭崍應叱馭十年京洛慣飢驅哀師膝下嬌如玉珍重君家千里駒

題南園話別圖再送憩雲

竟挂征帆去天涯風雪多耐貧仍薄俸對酒且高歌疊氣津門雨鼉聲瀚海波清時須努力未許臥煙蘿

繆孫菉 兆禧 以園橘見餉賦此報謝

廈門秋色洞庭煙丹實擎來分外妍啖荔何須三百顆擘桃爭說五千年 橘爲尊甫手植垂卅年矣 弈棋新解仙家劫苞貢聞裁進奉船太息稻粱謀正急江湖猶有未耕田

放歌贈周東谿 元鏞

男兒讀書當自愛功名不讓王侯前長揖賓車騎慷慨登燕然吳鉤三尺腰間懸姓名便欲爭凌煙不爾高臥

滄江邊一樽一卷年復年白日扃戶少剝啄了無塵壒胸中壹噎余年來苦磨蝎搜剔故紙空鑽研欲投定遠筆高堂白髮已華顛欲守漆園株甕頭無米囊無錢頭顱三十仍復爾往往自笑又自憐紅巾賊騎驅人走如鳥避繳獸避紘君開草堂延我住黃雞紫蟹羅瓊筵此中風景殊不惡醉後高枕憑酣眠別來示我詩一卷編珠緝貝紛迴旋讀竟使我蹶然悟人生且復隨其緣飄茵墮溷各有定胡爲鬱鬱憂心煎塵容恅愺負夙約離東黃菊空便娟夜深風雨一鐙炧令人卻憶楊林船

送錢二如學銘及之鼐銘 汪稺泉承慶 蔣亦謝

銘勳入都郎次稺泉留別元韻

掩關息影汪莊騷雅有才名重李翺漢室文章封禪貴中朝體格建安豪馬盤絕磴霜蹄健雕入邊風皁翮高此去神仙逢九烈好將楊柳染征袍

空同山色馬頭明無限關河惜別情聲價有人償薛卞才名到處折公卿隨身詩卷無多物放眼雲霄第一程爲道蓬壺天咫尺功名休讓棄繻生

龔莘甫聘英歸自京華復有澄江之行詩以送之

角藝名場數墜歡多君才筆健登壇鯤魚水暖生鱗甲

鵰鶚風高倦羽翰燕市筑聲愁裏聽君山樹色晚來寒書生心事渾難訴醉倚吳鉤不忍看

題張子丹錬橋西吟社圖

萍花浮淺沼聚散無定蹤飛鴻杳天末爪印留泥中人生鮮艮會其理將毋同我友凊河君河岳塡心胸高齋敞罘罳裙屐相追從其時旗鼓張各逞心兵雄或擊竟陵鉢或走李賀童菖蒲十萬紙字字珠璣工余也憚苦吟對之心忡忡竭來更爽塏花木仍葱蘢有酒且共酌世事須曹曹會當整偏師請向長城攻

送家澗雨觀疇試令粵西和孫蕖韻

寶勒珠韉玉靶鞭馬嘶衝雨路三千采陽官屈才人志
廉讓居尋刺史泉善感身應爲國愛活民書本是家傳
別筵唱到將離曲何處江干柳不繫
狐鳴篝火孽仍留落落村墟認馬流窮島盧循投甲日
春陵元結賦詩秋風前簫管調羌女月下蒲萄拜洞酋
我盼飛鴻南下早故人琴閣有新猷

換鵞圖

典午諸人工八法鍾繇衛鑠書中豪誰歟傳者王逸少
縱横筆陣紛相塵是時朝廷方草創過江門第金張高
貂冠蟬冕十數輩可兒已是膏蓬蒿會稽高隱鎮不起

品格絕類柴桑陶有時興到作波磔筆端颯颯來風濤
寸縑尺素流海內倣摹幾度髡銀毫山陰羽客差解事
雙鵞皚皚凝霜毛欣然落墨徇所請籠歸奚啻千瓊瑤
臣書第一本奇絕封題永鎮山門牢噫吁戲門生棐几
善拂拭老嫗竹馬偏諧嘲世間俗眼乃有此卓哉道士
眞吾曹願將此本藏什襲直與唐陵玉匣萬古同垂昭

聽瀑圖

十年不作匡廬夢今日披圖恍見之我欲從君畫中去
孤節與話夕陽時

卌六芙蓉館詩存卷一

受業譜姪繆朝荃編校

卅六芙蓉館詩存卷二

太倉張曾望孫鄂著

出門

出門惘惘復何求浩蕩乾坤任壯游長劍淒鳴珠匣夜飢鷹晴擊玉關秋龘才敢冀逢青目挾策聊思慰白頭此去惠連酬唱好不愁風雨獨登樓時偕家弟同試京兆

吳門晤黃雪蕉丈錞

不見黃筌久婆娑鬢已絲蟲魚刊舊注花鳥摘新詞小婦銀箏合佳兒繡褓遲天涯多草色何處寄相思

丹陽道中

小泊朱方棹人家半水邊屋隨堤勢曲岸抱塔痕圓穉女茶花髻村漁柳葉船頻年征戰急怕見戍樓煙

丹徒鬧阻風次日得渡

石尤連朝惡作劇嗔我欲挂臨江席空艙偃蹇作蜎縮急草神符勅風伯乞神有靈神不靈江波亂疊銀山白達摩一葦苦無術御風又少排空翮金焦兩點青嬋娟遣愁且著尋山屐李膺謂菊坡吳質謂蓮傳都解八十千貫酒同浮拍讙諏高擊銅斗歌風神爲之氣辟易須臾檣頭烏翅轉酒人各以手加額長年高挂十幅蒲一瀉直入蛟龍宅中流水勢陡險惡性命鴻毛輕一擲濺空急

雨打篷牖排山巨浪衝沙磧瞠目危坐神欲癡堠鐙忽露江頭驛停舟一笑吾生矣水際沙禽飛磔磔

宿三江營

亭堠荒荒戍火黃牙旂高颭朔風涼潮迎白馬趨邗浦山鬱蒼龍拱建康壯士城頭淒篳篥將軍帳下暖笙簧不知東下長江水寄否愁心到故鄉

袁浦書感

清流一道亘平皋地勢遙連直北高轉漕蕭何森畫戟鼙鼓光弼仗韡刀市兒驄馬黃金勒曲伎琵琶紫玉槽差喜東南支半壁問誰赤手障鯨濤

王家營

蹇驢行未遠村落望冥冥風峭日逾白沙平草不青炊煙團土舍野市鬧車鈴明發揚鞭去郎當不可聽

登岱

破空嵐翠落紛紛振策來尋封禪文深箐黑生猿洞雨亂崖白滃馬頭雲眼中星斗三台近舄下黃河九派分徑欲乘風歸去也餐芝試訪赤城君

日觀峯

天雞聲落秦松顛啟明一宿天門懸頳雲破暝海水沸金輪已掣羲和鞭茲山雄據鎮東魯開闢疑在鴻濛先

弔古昨尋封禪石，七十二代窮搜研。山僧邀我攬勝境，差喜腰腳猶稱便。罡風割面涼露下，明月已卸空中弦。推窗冥索了無見，湯湯之海蒼蒼煙。須臾赤雲騰一縷，如漾匹錦青冥邊。瞋目久視忽騰踔，世界紅奪珊瑚鮮。火牛百道勢奮急，燭龍萬丈光回旋。靈螭斂翼老蛟伏，頗畏灼鑠流腥涎。乘狸山鬼善匿景，相與呼嘯歸連肩。神搖情眩心震駭，朝餐已設伊蒲筵。平生眼福此第一，得詩擬乞安民鐫。羸綱替戾猶舊麓，高林宿霧明珠圓。白雲滿山曉鐘動，何人尚擁黃紬眠。

謁羊太傅祠

坐擁荆湘十萬兵樓船不下石頭城吳儂倘過祠堂下
要識當時峴首名

銅駝荆棘感滄桑典午風流已渺茫何似道旁留片碣
行人下馬拜斜陽

騾車四詠

淌沙

潺湲一道碧如油帶水拖泥此浪游豈是投錢思飲馬
公然入井慣牽牛直將大道雙輪鐵幻作中流一葉舟
惜少當年王濟術錦障泥換可曾不

渡河

漫學尋源博望仙客星曾犯斗牛邊車排舵尾周三匝
馬並人肩局一船此輩清流且高閣何人飛渡欲投鞭
江湖滿地多霪雨怕唱秋風瓠子篇

老程

雨聲破曉不曾收絕似船風阻石尤玉勒無聲閒叱撥
紅牆有路隔清秋搏風暫作六月息出晝不妨三宿留
手撥蛛塵題壞壁西風殘角使人愁

破跕

荒雞喔喔聽三號結束駒駼五色絲幾詡奇方能縮地
渾疑閒道襲成皋風眞王濬樓船利功比將軍鐵杖高

十里蒼煙齊送暝此行眞覺僕夫勞

內城寓齋對月

瓜廬鷦寄鎮無眠曲曲闌干亞字旋曾見爛銀盤捧出離家已是七回圓

碧海青天夜未闌常儀仿佛現雲端有人手剔蘭釭蕊卻下簾櫳不忍看

蠟淚涔涔漸欲灰夜深庭院重徘徊縱多半臂能添暖莫忘臨歧一語來

移寓淀園呈長洲彭詠莪相國　蘊章

重煩傔足束行裝去住隨緣也自忙纔榻緣侵槐葉雨

槿籬黃補菊花霜窺窗老鶴一聲悄入饌銀魚三寸强
穩住湖光山色裏醒哦詩句醉飛觴

禁闥龍虎鬱崔嵬元老安輿下直回雲氣中天纏五色
星文北極聚三台親攜殿上蕭何劍曾和商家傅說梅
徼外借公威望鎮好圖形貌上雲臺

贈徐少梅芝詮郎題其聽秋閣詩草

同作緇塵客南州有逸才胸懷黃憲拓眉宇紫芝開聽
月街沈鼓澆愁劒引杯茗湖春似海恨未問津來少梅湖人
十載長安道風霜鍊骨成詩人張子野詞客柳耆卿湖
海澄胸闊煙雲脫腕生大羅天咫尺僂指聽臚聲

庚申上巳淀園對雪

去年上巳東風狂柳花如雪迷河梁今年上巳北風惡雪花如掌紛迴翔豈其燕代地寒冱冰山六月撐青蒼裹裘癡坐鎮不快瑟縮頗似寒蠶僵既無夭桃與芍藥點綴瓶盎生輝光又無蘭亭與曲水相攜絲竹恣徜徉惟有索郎差解事倒傾叵羅澆愁腸頗聞去冬少雨澤麥苗枯燥黝且黃泰山之神惻然憫三輔勅灑祥霙祥（歲首曾　頒藏香十束命內臣赴泰山求雪）須臾玉龍拍空舞世界換出琉璃裝西山山色更奇絕畫圖幅幅屏風張出門我欲訪南郭裹裳四顧愁茫茫軒車鈿轂珠翠幰彳亍泥淖低

復昂轅駒局促僕夫駭載輸爾載伯也將三吳風景那
有此思之輒令神傍徨春水船邊春水綠一隄花柳明
斜陽

送夏伯平鴻鈞之楚北

廿年幕府擁牙籤華髮毿毿兩鬢添北海有書能薦禰
杜陵垂老尚依嚴風懷跌宕新詩稿影事淒涼舊鏡奩
湘草湘花好顏色莫教愁思上眉尖

伴城即事

憨癡學埽遠山蛾費煞隋宮十斛螺我亦湖州杜書記
相逢強半綠陰多

椀大葵花插髻黃新妝也試越羅裳柘枝老去雲英嫁不信佳人尚北方

爛醉吳孃水閣中瀟瀟暮雨打簾櫳無端羼入天魔隊一粟羊鐙土壁紅

鐵撥銀絲按鷓鴣酒樽狼籍月模糊江東陸績多情甚腸斷宮眉十樣圖謂雲孫太史

宿張夏

犖确循山徑吟韉此暫過野花明似火溪鳥白於波獄色千盤落河聲九折多肅霜拚典盡醉尉莫相呵

公輸子墓在齊河縣北門外濟水旁

一道潺湲濟水斜荒阡躑躅數昏鴉山屏排翠圍城堞河溜分支齧岸沙黄河新入於濟天下幾人非笨伯眼中此老是方家行滕曾向班門過莫更人前巧力誇

管帥集露宿遇雨

驅車竟日走暮靄橫蒼茫黑雲飜墨來僕夫心傍徨歘然睹村落謂可弛行囊叩門仗馬箠急燥如渴羌須臾主人出緩急殊難商既少打頭屋又乏折脚牀不知芻與焚安得酒與漿勿混乃公事一揖歸徜徉衆客嗒焉喪相顧拳空張投憩既無所拚息衢路旁繡輪三十幅鱗次排中央密如繡方陣竪若圍堵牆斂足學跏趺閉

置新婦箱入語互紛拏車鐸喧郎當鐙明萬火炬馬脫雙絲韁目睫未一变雨勢紛泿痕倉卒之蓑笠顛倒沾衣裳頫首作蝟縮折腰如鼃僵就中有大賈頗饒陸賈裝健兒三五輩身手百夫強技擊似精熟邏偵能周詳讙諔徹中夜擊節歌伊涼轉調作變徵聞者咸淒惶我家婁水曲話雨開書堂賭韻邀詩伯角酒呼索郎高會每達旦苦蘖何曾嚐乃知一跬步憂來煎衷腸然而鬢眉氣要令經風霜咄哉牖下兒目光徑寸長擁被作齁聲齷齪吁可傷荒村之更漏依稀辨晨光一鞭衝雨去積潦紛汪洋

卅六芙蓉館詩存卷二　受業譜姪繆朝荃編校

卅六芙蓉館詩存卷三

太倉張曾望孫鄂著

王叔彝丈慶勳移家沔江挐舟奉訪書此卻贈

春中江上暮潮斜買得山陰訪戴艖秋水白魚村店酒西風黃葉故人家銀屏撥拍商詞草銅鉢催題豔燭花絕勝舊時城市住飽聽畫角與霜笳

叔彝丈家古嘐之槎溪亂後繪憶槎圖屬題即次元韻

孫盧樓艓下江東太息瘡痍滿目中上將軍符馳羽白神州劫火痛羊紅鶯花塵夢空三月草木風聲幻八公

買得扁舟避秦去不堪身世竟飄蓬

避俗曾吟巢父巢蕭齋十笏手編茅琴樽暇日新聯社

猨鶴空山舊締交一自兵塵倉卒起苦將花木等閒抛

不知窗外平安竹可放東風百尺梢

鎮日愁邊與恨邊東南民困劇堪憐憂時怕續蘭成賦

轉饟虛糜卜式錢從古徙薪無上賞至今卧榻任人眠

家山回望多荆棘閒卻江干十畝田

落拓青衫黯旅魂天涯涕泗滿愁痕名場雞肋嘗多徧

骨相鳶肩事漫論茵溷無心工作達刀環有夢怕重溫

何時淨埽天狼燄歸挈妻孥老鹿門

王穀生維勤以詩見贈次韻柬答

小闢王官谷，圖書位置新。偶攜招隱賦，來學灌園人。絲竹謝安石謂尊甫叔彝丈，江湖梅子眞。東南多劇盜，長吏孰艮循用耶律楚材句。

和穀生村居韻

昨夜霜鐘動，籬東菊半彫。長虹偃明月虹橋在宅東偏，獨雁下寒潮。酒價兼愁長，風聲挾樹驕。家山何處所，高臥此團瓢。

叔彝丈座上次曹春嶠慶燾韻

紅塵滾滾多風漢，爲卜幽棲水石間。逼座松風宏景閣

壓裝畫幀米家山平泉綠野鄉愁遠棘地荊天世路艱
鎮日酒樽與詩卷不妨野老笑疏頑

新詩奇似癢能搔珍襲當時金錯刀文屢枉詩見贈野水碧添
肥郭索佛牆紅塌臥蒲牢棋爭劫道因愁拙氣攝風威
得酒豪早晚龍驤持使節莫嫌霜點鬢邊毛

東春嶠疊前韻

爲訪王維尋輞水忽逢高隱白雲間病調葛令君臣藥
名壓何家大小山野市魚蝦憐價滅中原麋鹿歎時艱
鯫生亦有煙霞興一片名心化石頑

狐兎縱橫首重搔平羌誰佩赫連刀兵威北府屯犀渚

地險南天扼虎牢謂上游情形白草青燐新鬼哭短衣躍馬里兒豪新亭名士吾何與且擲殷家麈尾毛

春嶠招飲再疊前韻奉謝

風流短簿髯參外品格莊襟老帶間結客久傳關右俠看雲記寫浙西山愁多不惜千瓢醉韻險眞防一字艱白帢相看共年少莫教魚鳥笑人頑

秋風短鬢不勝搔空有歸期夢大刀幣馬似聞糜葉護珠犀差喜貢哀牢聞俄夷以兵內附雨雲飜覆家何處劍舄縱橫膽尙豪我是將軍長揖客不愁名紙欲生毛

題王詢周慶謀草堂昔夢圖

君不見淳于大醉朝玉京錦衣作郡槐安城又不見邯鄲道士年少子黃粱一枕功名成形形色色皆幻泡此說難與癡人爭太原公子神仙曹曾從帝所聞鈞韶得句每誇謝堂草生花耻吮江郎毫三槎溪上千椽屋掛

西風渺渺洞庭波如此蕭條柰客何楊柳河橋鴉點亂梧桐院落屐聲多三生芳樹成陰易一例名花受刦磨底事桓溫獨惆悵有人顛頓正關河

夜坐排悶柬穀生槎生 維儉

圍腰革帶瘦難禁兩鬢毿毿素髮侵羸馬關山荒店夢破窗風雨夜燈心刦餘稿似牛涔陋病後詩如鶴語瘖法護僧彌差不俗爲君一鼓雍門琴

題沈益甫 裕 曰可讀圖

休文革帶近如何仙笈靈威什襲多芸葉碧熏香作篆荷檗紅閃月流波多才似爾蜂兼釀末學憐人鼠飲河

太息故園秦火熾秘書無分再摩挱

歲暮歸興柬穀生昆仲

茫茫熱淚不曾乾難得青琴海上彈記否尖叉鬭詩力月明倚徧好闌干

鼕鼕腰鼓六街煙又是黃羊祀竈天我慣生涯如水冷不須歸縛送窮船

酒邊情味耐相思珍重春風握手期準備梅花詩百韻試鐙時節寄王維

看劍行爲施蓮史　肇熙賦

男兒束髮操不律柔荏覬提三尺鐵興來狂舞奪蔗竿

見者大笑冠纓絶袁公仙去荆卿老何人擊劒燕山道
繡鍔斑銷鸊鵜膏霜鋩冷庋鋘鋙寶吳興名士眞英雄
超驤矯捷趨如風控鞍時調代宛駿射聲輒挽雕胡弓
自言曾遇崑崙俠晶瑩七首光騰匣丈人承蜩蜩輒墮
宜僚弄丸丸不落十年手淬芙蓉鋒腰間嘯響蟠螭龍
伐毛洗髓換凡骨宵分匹練騰長虹謁來相遇春申浦
絶藝知君羞噲伍酒酣坐客雅好奇請君拔幟張旗鼓
是時月黑風蒼蒼罘罳高敞華鐙張曼胡之纓短後衣
一雙干莫森寒芒疾如霜隼下晴廓徐如修蛇赴秋壑
上如層霄矯翼鴻下如寒泉俯啄鶴十盪十決勢迅急

再接再厲氣磅礴須臾身手益矯勁兔鶻起落紛無定
歷亂搓將絮雪團繽紛揉碎梨花影尖風割面颼颼涼
座中舌譫心傍徨書然跋以碧玉鞘巾幘不嗔神揚揚
我起爲君前致辭中原狐兔勞
王師高牙大纛方面者頗搜網底珊瑚枝君胡不學傅
介子笑談便斫樓蘭死黃金絡馬鐵裲襠磨盾功名照
青史況君復擅露布才麟閣雲臺等閒耳不然高臥瓜
牛廬徒糜歲月師專諸豐城常霾牛斗氣笑人鄧禹應
軒渠君聞我言忽不樂頻年鸞鳳嗟飄泊酒酣屈我一
放歌窗外雞聲聞膈膊

得芍園六弟曾憲遼左訃音書以志痛

吾父初歿時爾年才十六靜謐如老成父書頗能讀十七工文章轉戰儕偶服十八登虞庠便便五經腹詩律與詞宗研鍊出機柚三年海上居局促打頭屋清興每飆舉新詩如束竹陡然風鶴催紛覓秦人谷余放楚北船爾唱遼東曲水程六千里布帆三十幅鱟背矗奇峯鼇睛睒猛燭好仗馮夷功能使天吳伏余亦老風濤念之心轉轂隻雁雲邊來寄余尺一牘上言菽水歡下言胸境拓消愁熨道花解渴黃羊酪花門與獠奴暇輒相徵逐從此眼界寬亦是書生福瘴霧朔方多重以天災

酷爾本孱弱軀怨中含沙毒千金肘後方北人殊未讀
玉樹一朝摧桐棺三寸薄臨歿望南天嗚咽不能哭急
足持耗來淚雨紛盈掬嗟余門祚衰寥寥此手足爾年
僅廿一捨余何太速方期爾讀書著作萬千軸方期爾
成名光寵被宗族未騁渥洼駒遽賦長沙鵩恨無襁褓
男爲爾綿似續阿買方四齡斬然在衰經暫作躃踊人
匆暇敘昭穆棨頭一寸稿爲爾藏篋笥傳世究何能九
原聊瞑目爾勿生人間兵戈滿塵麓爾勿生貧家衣食
勞僕僕傯指秋風高南歸庶可卜首邱古人重此扼爾
所獨何處大孤山蒼莽鯨濤綠

題瓶水齋詩集後

銅柱珠崖路八千弓衣蠻布織詩篇本饒燕市悲歌氣偶放吳儂載酒船巨筆合題金馬署小名留證木犀禪過江故是無卿匹名在王楊盧駱前

偶從幕府請長纓月黑風酸夜斫營巴蜀雄文司馬檄弓刀小隊美人兵（謂龍幺妹）一官丞倅非吾好萬里牂柯壯此行手擷茝蘭山色去凱歌聲裏子規聲

南船北馬走閒關垂老游情尚汗漫差喜故人嚴武在能憐范叔舊袍寒半生失意求名誤一事傷心負米難留得江東昭諫集夜鐙淒讀雨聲酸

和瓶水齋集詠物四首

簾波

西風銀漢渺愁余窣地重簾罨綺疏幾折鞾紋浴翡翠
一窗秋影濕蟾蜍湘江曉步生塵候紙閣宵寒潑水初
手妥博山熏雀腦玉鉤聲落畫檐徐

燭淚

錄別西窗侑酒巵一聲河滿唱新詞嗁痕宵泫鮫紋汙
心事春酸鳳蠟知江上靑衫愁獨夜枕邊紅暈照相思
燭奴畢竟多情甚浪爲離人玉筯垂

酒花

杜曲清游屐緉忙等閒賒得好春光碧筩晨逭三庚暑
黃菊秋開九日觴豔影舞酣金谷院玉顏醉倚壽陽妝
芳園桃李多明月容我當筵阮籍狂

香字

都梁手爇散氤氳染徧羊家白練裙結篆書空橅古意
盥薇緘恨織回文新痕滅剌籠雙袖舊鼎留銘勒八分
試覓陰何灰裏句好熏瑤札寄停雲

書馬孝子尋親記後

怪風如墨陣雲頹黃歇江邊戰鼓催大地都成荊棘險
隻身親犯虎狼來白頭喜有還家夢赤牒曾傳辨獄才

謂孝子族祖尙一片莫釐好山色陔蘭香裏草堂開
履雪父寃事

雲郎畫蘭曲

春風紅豆茁靈根十斛明珠價漫論解得湘纍無限恨
鴛溪絹上美人魂
風條露葉瘦難支周史丰神想見之倘過江南髯檢討
櫻桃花下好塡詞
玉京小妹南都秀曾寫湘臯絕妙圖今日紅氍毹上影
銷魂得似卞家無
清歌曼舞炙銀笙燈火樓臺夜色明我亦三生狂杜牧
那堪一曲楚江情

花時屢負草堂春金薤琳瑯散若塵留得天涯芳草影
幾時再訪畫中人

卅六芙蓉館詩存卷三

受業譜姪繆朝荃編校

卅六芙蓉館詩存卷四

太倉張曾望孫鄂著

雜感五首

君莫哀聽我歌我歌嘈唽非陽阿少年走馬長安途腰弓手劍金僕姑青犴之裘翡翠襦華鐙宵擁傾城姝有時擊筑從狗屠高歌爛醉黃公壚骨相自顧不貧薄扶搖九萬鵾鵬圖胡爲款段下九衢馬伏櫪兮兔守株男兒七尺昂藏軀坐令鬱鬱臥戶樞其如鄧禹相嘲何

昔聞楚卞和抱玉山中三日哭後來司戶劉議論亦復驚人目功名電光石火耳得不足榮失不辱然而讀書

謀一第猶似鮎魚難上竹猨居胥山祁連碑此事何敢
再厠足芒角縱橫百不樂明月娟娟照我屋一斗血熱
漉漉一寸腸迴曲曲莫訝狂奴狂不顧俗人俗君不見
錦衣肉食擁大纛生前意氣殊逼人死後不過一邱貉
猰貐十萬徧川陸臨人之腦食人肉破巢覆卵百千輩
飲恨吞聲不敢哭而我一棹瀛海邊放浪常作參軍眠
雖無百萬之腰纏十千之酒錢案頭尚有詩百篇擊節
高唱聲淵淵卽此亦足仙乎仙不然偃蹇伏井里蛇驚
兔竄伊何底階下囚溝中瘠自顧頭顱殊可惜
道旁年少吞聲哭自言本是金張族蠟薪錦幛珊瑚枝

不知何者麥與菽楚氛一夕城頭惡蜀道銅山忽傾撲
珍珠三百琲胡椒八百斛牛腰捆載之盡輸銅馬與青
犢隻身繭足來兵間十日八九常露宿爾形則鳩面則
鵠淮陰惜少漂母飯蔞亭又乏公孫粥此身久分塡溝
壑噫吁嚱男兒苟握連城寶何憂埋沒隨百草王章泣
牛衣文園作傭保一朝富貴來逼人孝廉四十未爲老
有弟有弟在遼左春水桃花送將去綠魚羣飛白鷺翔
空中或聽精靈語大孤山畔經年住書來啟讀淚如雨
一弟艱難支門戶心頭飲蘗三年苦一弟柔荏誤刀圭
文章無命埋黃土伶俜八口仗伯通況有堂前萱一樹

心之憂兮難奮飛此鐵眞是六州鑄將毋命宮主磨蝎
天教歷盡蠻荒路抑或好爲盧敖游萬里山河如跬步
呼嗟乎嗷嗷朔雁衡陽回客行不如歸去來甕頭香溢
梨花醅與爾同醉屠蘇杯

題舒茗生 卓元 希青集郎送其歸懷甯

博山沈水夜深焚偏讀中郎絕妙文江左英雄王景略
中唐詩派杜司勳功名日下遲銀榜紘索風前醉錦裙
我抱青琴來海上賞音啻有雍門君
鄉關蒼莽白雲橫潦草歸裝萬里行始信王陽眞孝子
漫嘲陸賈是書生新愁燕市金貂盡後約并州竹馬迎

君擬需次吳中卅六鯉魚風信準布帆穩下皖公城

送邵海嶠文灝還梁溪兼示許柳先國瑞

迢迢親舍白雲邊一棹芙蓉水上船破碎家山猶入夢
飄零朋故散如煙帳中朱鷺從軍曲鏡裏青蛾悼婦篇
差喜神仙逢許掾相攜同訪種瓜田

寅叔四弟曾亮歸自遼左喜極有作

鯨濤駭絲走驚雷十日南風作勢催消息誤人傳越寇
功名遲爾上燕臺全家獠猲羣中住八口鼇魚背上來
絕似吾家星海使銀槎親犯斗牛回
浪題詩句滿江湖水樣清愁鶴樣癯苦少歸裝如陸賈

定多蠻語學娵隅驚心梧葉三秋老流涕荆花一面枯
好讀瀋陽風土記岑山孖水寫新圖

得茗生和州裕溪水師營舟次來書賦此寄畣

不見黃生逝一年瑤華忽降五雲邊淒涼潘岳閒居賦
潦倒平原乞米篇世事棋枰多換劫人生粥飯且隨緣
大江直下三千里寄爾相思一惘然
將軍裘帶鎮南瀛書記元規有盛名白羽如霜晨草檄
紅燈似海夜談兵逢人好斂英雄氣對酒難銷兒女情
我愧豬肝累安邑頻年無分請長纓
歷陽山下水澌澌記得兒時竹馬嬉苦憶故人書久斷

不堪游子鬢將絲余生於和陽先君僚執咸有溫嶠英物之譽豔情潭水花千片奇氣豐城劍一枝相約郭隗臺上去與君對酒坐敲詩

懷人詩八首

胡孟荃國粲

落拓江鄉老鄭虔歸來竟少買文錢世間風漢劉蕡策眼底英雄水鏡篇齊女門邊花姽嫿婆留城外月嬋娟年來飄泊如張儉已見秋霜兩鬢顛

馬香士世雄

伏波門閥舊通侯身世蕭條萬斛愁鹿洞著書開講幄

鵞羣換帖仿銀鉤記汙丞相車茵未曾種裴航玉杵不
十萬聘錢須早貸莫教牛女怨清秋

王槎生 維儉

畫堂珠履客三千下箸眞堪值萬錢祖硯一函留墨寶
家風萬石是青氊花時鳳管徵歌地雪夜貂裘射虎天
僂指功名成執戟俠聲知爾滿幽燕

祝搴芷 艮

朱顏綠鬢少年場衛玠丰神孰頡頏絕代文章黃絹妙
一家兄弟白眉良尋詩舊聽湖堤月曳履新沾粉署香
葛帔西華無限感不教末路泣蒼黃

顧誦芬 恩藻

牢愁久困鳳皇翅一舸翛然出五湖賓閣生徒羔雁贄墓門畚鍤麥舟租似聞李嶠眞才子翻笑劉伶是酒徒收拾雄心權伏櫪春風行騁渥洼駒

汪誦淸 朝棻

仙郎直下五雲邊衣袖猶沾玉案煙營算久工將作匠鉤稽常惜大農錢阿侯繡褓春風暖少婦朱樓夜月圓多分揚州何水部梅花開日有詩篇

王祖鄉 轂詒

布裘席帽飽塵埃浪擲王郎絕世才斗酒記從花裏醉

一官新自日邊來好圓羊祜金環夢曾下溫家玉鏡臺
他日畫眉傳韻事試將蜨夢味千回

陸載之元璋

陸郎詩思近如何曾記傾談籠燭過雙屐春風尋畫稿
一樓秋月浸簾波酒邊錄事紅裙少世上逢人白眼多
比日惠連如握手定將銅斗和高歌

續懷人詩六首

馮景亭師宮允桂芬

巋然一殿魯靈光文獻中吳孰抗行粵嶠珊瑚收爽袋
交南薏苡笑彈章挂冠神武庭羅雀籌筆邊樓鬢點霜

師被命佐江南軍莫戀東山好絲竹，漢廷指日拜馮唐。

陸星農師修撰增祥

使君領部綰魚符，家具蕭條薄笨車。師曾守粵西之慶遠瘴雨一天開八桂，湘流九曲弔三閭。師近觀察楚南科名妙奪龍頭選，金石工橅蠆尾書。我是元亭舊徒侶，幾時載酒子雲居。

陸憩雲比部薾棠

風塵席帽慣驅馳，絕妙文章鬬色絲。口勅許裁黃紙詔，君近值樞廷頭銜曾領白雲司。船風蓬島三山路，丙辰春闈得而復失瘦石藤花一酒卮。玉桂國中居不易，比來可有送窮詩。

龔莘甫庶常聘英

錦燭華茵造榜天仙郎名在五雲邊（君官刑曹）憑攜中禁宣
麻箋來步西清視草飄（君以軍機入翰林）三婦豔歌新樂府九
張機織好詩篇年來張籍頹唐甚讓爾先揮祖逖鞭

徐少梅進士 芝淦

同是高陽舊酒徒宣南風雪夜圍鑪人間才織登科記
屋上俄驚返哺烏（君捷南宮後即奉內諱）夜颶緣魚吹海水春波
白鵠訪苕湖（君家吳興庚申與余浮海南歸）不知磨鏡南州客又作長
安風漢無

章念兹比部 乃畬

緩緩歸程陌上花一聲驪唱判天涯歡場絲竹陶中歲

宮錦文章第一家愁踏黃塵羈薄俸忍開青鏡訴年華
昨從慈母磯頭過似有狂烽照若耶君母在湖州原籍時尚未克復也

甲子夏初復之都門留别同社諸子

船脣馬背幾句留又作黃塵席帽游京國衣冠猶故舊
勞人身世任沈浮此行自笑眞馮婦當代何人識馬周
手把蘅蕪勞遠訊不堪離笛下江樓

楊僕營前月作波記敲銅斗和鐃歌癸亥夏偕楊藝芳觀察帶隊駐楊厙者四閱月莒城七日圍難下賊屢撲城艾草三年蓄未多在軍中時目疾大作絳灌生來原有伍侏儒飽死待如何吳鉤自笑年來
澀請向燕昭臺上磨

牽船補屋費評量潦倒皋通廡下梁眷口尚滯崇川旅味苦於
蟲食蓼生涯拙似鼠搬薑敢將溫嶠裾輕絕差喜姜肱
被自長寅弟仍同赴試元髮毿毿猶未改且持竿木學逢場
酒杯灩灩漏迢迢難忘當筵唱渭橋過眼鶯花渾是夢
入時蛾黛若為描絲魚畫舞毛民島白鸞宵乘大士潮
擬趁輪艘赴津我有一言留息壤木樨香後整歸橈

對牀圖為張二廣文修事賦

兵戈叢裏走間關辛苦張郎鬢欲斑難得今宵姜被暖
一鐙如豆話家山

五馬春風汗漫游好山好水鎮句留謂哲兄東墅太守老坡本

是神仙吏定有新詩和子由

又攜席帽踏京華同泛秋風博望槎我亦惠連宵對榻一窗涼雨落藤花時寓鄉祠之古藤瘦石山房

有題

小謫無端下碧城乍攏雛髮已盈盈新詞錦瑟偷鈔徧舊譜眉圖學寫成春暖綠窗拈綵纈夜寒紅袖炙銀箏喬家國色傾江左定有江頭打槳迎

女伴相攜作勝游蘭舠親訪六朝秋情人碧玉空題恨俠客黃衫未遣愁留枕陳思羞自薦贈環交甫若爲儔黃陵江上湘妃淚不見當年帝子舟

偶趁天風落絳河擬聽法曲按回波浪傳北里佳人好其奈西陵蕩婦多齲齒難工孫壽笑細腰誰解柘枝歌樂游原上多年少不駕斑騅問苎蘿

又上華鬘選色場相逢一笑解明璫良媒未識量珠價好事虛傳種玉方卻放猧兒棋任亂偶調鸚母語應防羨他飛燕君王寵日日昭陽埽御牀

一自長門別故宮淚痕和恨灑西風妾身原是分明月郎意須如宛轉蓬垂手向翻金絡索轉喉猶唱玉玲瓏夫君天末知何處盼斷衡陽夜半鴻

題沁州牧潘遵顏花間詞集

麤材愧負阮咸名勞燕分飛各遠行萬里音書暌潞澤
一官歲月老幽并商量鶴料支清俸檢點籯經付鑿楹
太息柳車猶未返天涯兒女滯歸程
蕤蕤宮鼓放衙天手寫烏絲十樣箋格律果然辛棄疾
丰神如許柳屯田定拋紅豆開函讀每對青山放枕眠
合付安民鐫萬紙漢關秦月思無邊

潘芝樓崇福以近詩見示漫題於後

素衣席帽軟紅中兩度槐花唱惱公我亦大羅同奏曲
卻從天半落罡風甲子闈卷余與君同出香山黄植庭師房極蒙激賞
壇坫東南孰許開王郎天壤有奇才浣花稿與斜川集

那許荒傖領略來

送嘉興錢大炳奎回浙秋試

桂闕秋風八月高使車迢遞出詞曹和凝衣鉢三生證
庾信文章一代豪大好湖山勞問訊逢場竿木漫牢騷
三千鐵弩憑君選要射胥江白馬濤

此去西湖湖上樓昵人風物恰初秋縱多消渴中年病
莫忘橫波望遠眸奩體尙歌中婦豔告身好爲細君謀
祗餘一事難排遣天上星期正女牛

十年北馬與南船鬚頷劉蕡亦可憐駑馬自知秋益瘦
冤禽空盼海能塡江湖煙月頻題恨世界風花總放顛

手把純鉤才拂拭尙餘紫氣亘中天

冊六芙蓉館詩存卷四　十

卅六芙蓉館詩存卷四　受業譜姪繆朝荃編校

卅六芙蓉館詩存卷五

太倉張曾望孫鄂著

孤坐

虛窗孤坐月無波往事追思付夢婆書記湖州工跌宕參軍蠻府老吟哦文當少日縱橫易事到中年感慨多收拾牀頭寸餘稿名山覆瓿兩如何

抱膝長吟圖爲吳門陸酉山[redacted]題

我識陸內史乃在曰艾餘精神霜鶻健意氣雲龍俱諧謔間一作四座皆軒渠興到輒渲染殺粉而調朱趙昌何足擬吳鎮差無殊剡藤三十幅幅幅雲霞鋪得者皆

叱歎寶若千硨磲自言昔年少擁鼻哦陬隅知音杳何處四顧空踟躕寫作行看子孑孑吟身孤仰首一長嘯天地眞蘧廬荆璆與雷劒俗眼多睢盱掩關脱韁鎖插架紛詩書浙中好山水一棹來錢湖觀濤枚叔筆弔古林逋居作官本偶爾隨俗難須臾雖抱雍門琴莫戀齊廷竽翩然擲手版清夢仍菰蘆胡爲劫火來大澤多鳴狐此卷祕篋衍幸免探丸徒所惜顏鬢改憔悴成今吾我聞君所言慨然發長吁春花雖云好晚菊長扶疏春禽雖云好老鶴彌清癯君請訪僧繇再寫眞形模試較圖中人風貌還何如

錢調甫中丞鼎銘開府豫中詩以寄賀

重臣銜命鎮中州豹纛蜺旛擁上游一代文章梁苑雪幾家絃索汴宮秋峙茭舊熟防河策籌筆新開閱武樓早晚璽書褒特達書生骨相本封侯

周北張南屋宇連兩家交誼話纏緜蕊宮造榜剛秋半粉署題名記日邊京洛酒杯妍唱夜東南戈甲暮愁天吳兒漫唱還家樂薪突何人借箸前

贈王鐵生主簿鍌

少日趨庭話勝遊淮壖風物儘句留閉門雅有蟲魚癖

曾築花間萬卷樓

風漢劉蕡事可哀一雙干莫眯塵埃孟郊尉與飛卿尉
亦是人間報稱才

瘴海頑雲撥不開破空妖蜃幻樓臺一官且作隨緣住
曾與花蠻醉舞來

薏苡明珠亦偶然腳鞾手版笑都捐無端絕倒文園令
猶有長門賣賦錢

秋來何處著吟鞭西子湖頭月正圓我亦頻年攜席帽
可容同趁孝廉船

題烏唬霜月圖

駕空虹影落崔嵬十里丹楓畫本開絕憶兒時好風景一篷涼月艤船來

宵柝沈沈夜欲闌曉鴉啼澈玉屏寒不堪重憶傷心事四十年來返哺難

我亦江湖作浪游闔閭城外鎮句留年來歷徧恆河劫無復鐘聲獨客舟

送錢敘堂太守彝銘之官山左

記同跋扈少年場酒琖詩筒取次忙不分兵塵昏地軸遂令世事竟滄桑功名我愧鮎魚竹潵佩君攜燕寢香貢禹王陽好交誼那堪握手唱河梁

長揖軍門禮數優飛符草檄筆端遒薦憑曲逆無雙士治要吳公第一流社首山光浮舄下膠東海氣滿樓頭放衙倘有哦詩興調鶴篇來付短郵

輓繆孫菉司諭

丱角飛揚日南皮結勝儔論文渾炙輠賭酒慣藏鈎自歷昆明劫仍爲河朔游相睽纔匝月鄰篋使人愁指顧三山近神風引客舟文章不能語肝膽有誰酬偶佐量沙績旋叨薦剡收牽蘿歸計決高臥瀼西頭愴絕湘靈瑟懷人淚尚流（謂君姊壻錢二如）晨星方欲曙薤露又聞謳疢疾一朝作縹緗萬軸留傷心傳祖澤未與手

民謀近擬刊令祖䕺泉先生詩集余爲敘之而尚未付梓

題畢子山丈毓珍荷鍤圖

少日縱橫角酒場偶來歷下聚朋觴美人卷裏芳華逗謂圖中馮芳玉校書名士毫端欵唾香王粲浪游非得計阮孚作達是眞狂延津會合雙龍劍此事眞堪慰北邙圖留山左幾四十年光緒紀元之春文孫儀卿始攜回并遺照亦獲焉

令子騷壇有盛名廿年情話記分明宵分鬭句寒驚柝晝永聽歌暖炙笙空有才華傳海內不堪泡幻悟浮生大羅天上新題榜座右何來鵩鳥聲令子雄伯與余訂交乙卯捷京兆丙辰遽卒

手澤原非飽蠹魚偶留殘紙付鈔胥雄伯以詩鳴舊稿悉燼於兵燹有存者魏公故物雖餘笏王氏巾箱究有書但學伏波能刻鵠何愁博士慣書驢人情盡是西華帔誰作春風暖氣噓此章兼勖儀卿

瀹池

百本芙蓉已自栽劇憐波鏡未曾開有情活水從頭注無限靈機觸手來漫借奇方通竹筧漸留清影倒樓臺葛彊愛將同游未好約山公醉濁醅

支橋

擬支略彴俯淪漣位置紅闌幾折旋近岸要通芳草屐

敲椿試繫采蓮船漫愁覓渡攜筇待從此淩波得路便
獨夜簫聲動惆悵揚州明月正團圓

乞花

昨夜春風到草堂偶攜游屐學清狂要憑紅諾搴芳若
愧少黄金聘海棠得伴藉陶三月暮不廉敢冀十分香
蘆簾紙閣蕭閒甚倩影宵來上短牆

闢畦

方塍如罫土膏新親課園丁界畫勻生面不妨開自我
顰眉何事苦隨人風前菜甲棱棱緑雨後桑條樹樹春
閒卻人間疆理手偶將學圃試經綸

顧綸卿廣文森書蓄絳梅二株以一見贈并媵以詩作此報謝

雪點漫空糝玉痕小窗孤坐易黃昏今宵添箇紅裳伴不是家山夢也溫

不放寒風一縷侵書幃低下夜沈沈殷勤留得春常好怕負東皇付託心

絳袂雙雙豔玉臺羅浮深處共徘徊最憐姊妹承恩慣獨自徜城小謫來

詠古小樂府四首

甄宇羊

侏儒飽死朔飢死肥瘠倒置有如此騎都尉與闗內侯
告身一醉不足謀噫嘻博士乃絕奇瘦羊兩字垔閹知
頭銜千古孰與齊五羖大夫百里奚

朱詹犬

咄哉爾犬何足數僅爲豪家供奔走否則飽食了無事
白往黑歸肆狂吠無端忽來寒士廬依依戀主深宵俱
乃知世間附勢徒竟未知有韓家盧

鄭綮驢

諸葛子愉本人豪當時乃受纖兒嘲後來鄭五亦名士
一鞭風雪肩詩瓢紇干山雀凍欲死見幾幸早辭金紫

不然宰相雖美官廟中之犧君請看

林逋鶴

相如封禪遭彈譏先生志乃追希夷空山一鶴共形影
仰視富貴浮雲馳其時天子屢相辟奚愁不舞氋氃嗤
胡爲冥鴻避矰繳風流祇作梅花詩

晤妹聓楊用舟廣文 宗濟

慰卻相思苦傾杯聽柝聲米鹽憐弱妹頭角喜諸甥客
路貂裘感天涯骨肉情攜將長鋏去許否學馮生
功名雖電火其柰老親何我已蹉跎甚君當奮發多勉
光霆赤堇鏡影惜青娥好振摶風翮霓裳奏大羅

病起

倚牀殘夢嬾如雲雀腦拈來手自焚試檢腰圍量帶孔江南顦顇沈休文

移得芭蕉小院深護持也費惜花心今朝試卷湘簾望又展牆頭數尺陰

俊味江鄉九月前一尊桑落蟹螯圓年來慣抱河魚疾辜負秋風郭索天

題綸卿銅坑鄉夢圖幛子 圖爲薛藻青所繪

人生何所娛芳芬擷蘭芷人生何所戀款段居桑梓開軒召朋儔貰酒命傔使消將萬斛愁補作羣芳史況茲

縞袂姝高格滌塵滓家山香海邊計日春將至碎雪舞
晴空寒芬照潭水野橋籬落間時時來屐齒惜哉事遠
游綺窗消息滯仙人萼綠華晤對甜鄉裏我友薛紹彭
妙想絕思擬謂以筆取之鄉園即尺咫虎頭有詩孫愛
畫入骨髓究徹南北宗妙悟剕關理五嶽起方寸尺幅
具千里即作折枝圖遺貌而神似名欲趙昌伴品許邊
鸞比欣然展巨幅懸壁以腕抵逡巡工取勢躊躇屢凝
視固知竹在胸即看春滿紙是時夜未分銀燭爛花蕊
酒人三五輩目注足爲跂顧彼袖初揎快茲墨濃泚須
臾瘦影橫生氣出十指老幹獨槎枒繁葩互偎倚孤標

契冰雪俗豔謝羅綺懸之窈窕窗冷香浮案几從茲伴癯仙形骸忘我爾試語紹彭公鄉心勿句起君即返枌榆清興祇如此

題綸卿楚游吟草

身世無窮感蒼茫赴筆端男兒權落拓勝地足盤桓花月添吟料江山本大觀相期須遠到駿價在長安

和薛藻青培元見贈韻

街鼓紞如夜已分博山沈水懶重熏江波飛白疑攙雨花氣蒸紅欲化雲得失雞蟲懷杜老聰明豹鼠愧終軍長安玉桂年來甚愁絕天涯鴻雁羣近得家弟都中書

綸卿以手鐫小印見貽疊前韻

漢秦斯邈體平分妙蹟應教薇露熏始信胸中工刻畫卽看腕底繞煙雲截金句每經三易鏤玉詞曾冠一軍君登癸酉萃科他日燕然須勒石知君才筆定空羣

次馬芝生銘留別原韻

不作滄江逐浪鷗出山泉水本清流一官先試調梅手此是功名最上頭

愧無才筆繼枚臯客裏相逢飲興豪底事河梁忽言別引將離思上吟毫

紛紛酬酢誤浮生捧檄誰能報政成正待斯人活蒼赤

不須初服話春耕
棋局紛紜少定程且將冷眼覷人情一朝雷雨飛騰去
始識滄溟跋浪鯨

卅六芙蓉館詩存卷五　受業譜姪繆朝荃編校

卅六芙蓉館詩存卷六

太倉張曾望孫鄂著

和銅梁吳崍村封翁謹福七十自壽原韻四首

魯殿靈光景老成，廿年游屐偏燕京。鳳毛咸荷超宗譽，驄馬先傳鮑氏名。長君春海先生官侍御。喜有詩書培後起，肯將澀飽負平生。摩挲銅狄何年鑄，聽奏鈞韶介壽聲。

月旦高評藻鑑揚，龍門聲價擅文章。闢觀善堂課士。藻贇薦處新規拓，堂祀蜀中諸先賢。衣鉢傳來舊澤長。每春秋榜發，春海侍御門下售者甚夥。季重才名超鄴下，文翁禮樂繼枌鄉。瞿塘江上春常好，潔膳重開晝錦堂。

兩度征鴻北嚮飛榜頭蹤跡竟難希余於己未甲子兩試京兆桐惟供爨嗟凡質琴不成彈掩素徽秋典簿書勞削稿家兄元培庚申進士官刑曹南曹風月漫思歸舍弟曾亮乙丑進士官銓曹自憐不是柯亭竹敢訝知音世上稀余試秋闈十一膺薦者八指日巖疆朗福星探奇石硅叩山靈次君春泉刺史新任鶴峯與余遇於沔陽時相談讌循名定許追三異治術從來重五經棨戟家聲誇寶桂綵衣歲月永萊庭駐顏不藉丹砂訣攬鏡相看鬢尚青

送趙雲九中翰起鵬還梁溪

咸豐丁戊間京洛羣賢趨君才獨磅礴一唱空喁于而

余愧跧伏未獲聯吟裾每聞北歸者異口交相譽卯歲始識君玉立長身軀嘔心事文戰一舉鵾鵬圖余家有惠連忝附青雲俱春風紫陌來西笑仍驅車何人刖荆璞幾度投明珠振翮會有時戢翼原斯須簪毫青瑣地曳佩承明廬手筆誇制誥喉舌宣訏謨盛名掖池鳳歸興松江鱸枌榆乍息影山水仍清娛漢江何滔滔擊汰隨容與赤壁好風月訪古尋髯蘇主人雅好客座列鄒枚徒余也蝨其間自笑眞齊竽聞君足音至喜氣眉梢舒相别逾十稔容鬢渾如初劇談輒更僕傾飲忘百瓢有時講波磔相視顏胡盧君本擅絕藝金石窮搜摹上

追趨趩字旁涉鍾王書銀毫兇萬管得者珍璠璵余亦學執筆詹詹類小巫喜君攻我拙灌頂如醍醐良會不易得何事歌驪駒臨行惜景光握手重踟躕君言老名場歲月悠悠徂行當博微祿奚恤粗官粗我聞君所言搔首發長吁少年走京國西抹兼東塗役役三十載憔悴成今吾乃知守兔者株待何其愚君今向盛年經濟胸中儲一朝展驥足馳騁風雲逵報國須及時良吏皆通儒行矣期努力化俗民驩虞會攜訪戴舟一醉西泠湖

新疆收復寄東劉毅齋京卿錦棠

絕徼紅山路侵尋苞蘖生傳烽飛海水嗅地弄池兵難作珠崖棄休爲顓利盟天戈羈十載格澤尚星明詔秉龍驤節森嚴帥幕開孝標推長吏越石本邊才雪嶺鳴笳度天山躍馬來中原方耆定誓縛吐渾回舉目河源道塵霾頓廓清餘生寬僕固降卒釋長平椹酒千家獻桐壖夾道縈廟堂宵旰甚三矢告功成璽問來天上

酬庸典禮多玉符分將吏鐵券誓山河紀俗兜離語吹鐃勅勒歌赤金湖畔路齊唱定風波

蝸文硯爲王右星 臣弼題

歙產當時重藝林一規明月罨雲侵篆痕不作鑪煙直也學文人宛轉心

游赤壁登祭風臺

曉籌催起曙光紅乘興來擕尺五篷斷碣幾經牛礪角高臺終古鳥呼風孫劉事業三分日瑜亮功名一炬中我仗雙輪能破浪是日以輪舟拖行不須丁甲顯神通

用舟招飲時將同返里門疊前韻

餘別開樽翦燭紅行程計日挂烏篷幾人能識蒓菹味是日素饌特精三絕猶傳苜蓿風蓬梗生涯泡幻裏梅花消息夢魂中有鄧尉探梅之約賃舂廡下三年客難得相逢有伯通謂令兄藝翁方伯

江樓晚眺再疊前韻

夕陽西下隱殘紅楚舫吴航盡卸篷猶苦宿酲河朔飲喜留行客石尤風右星候風江次數星漁火荒洲外一派江聲暝色中此水滔滔日東去歸人消息隔年通

留別楊藝芳方伯　宗濂

三年賓閣足優游甘苦論文似芥投好客孔融能薦禰

辭家王粲慣依劉看山晨挂帆千尺丙秋同游君山戰茗宵延
月一樓卻喜野王稱把臂詩篇畫筆妙無儔謂顧綸卿大令
結筏編桴接尾來戟門高傍大江開三章漢法能除弊
一卷周官本理財膝下聲都雛鳳噦闈中人擅埽眉才
璽書早晚
君恩渥始識人間大廈材
翹首蘇臺柳色新好憑青翰送行人頻慚櫪下三升豆
尚戀江頭二月春覆瓿文章難奪命有勸余仍應秋試者壓裝書
卷喜隨身題襟漢上知何日寄與相思卅六鱗

和潘順之丈遵祁重游泮宮述懷元韻四首

白門楊柳映青旗，猶記髫年揖客時（望年十二三侍先君司諭江甯，丈以彙考枉顧，獲瞻丰采）。解佩西清歸緩緩（丈入詞館郎，辭官不出），笙吹南國日遲遲（長君莘芝兄乞假歸養）。桓榮車服朝中老，郭太衣冠漢代師。我願登堂隨杖履，依然海鶴舊風姿。

吹壎篪說棣華春，曾作名場附驥人（先兄護航與丈同案，丁酉又同登萃科）。鼓檝延賓婁水曲，問奇載酒石湖濱（先兄設帳丈處十有餘年，令嗣莘芝兄昆仲、令阮叔坡兄昆仲皆從游焉）。一篇梨棗頻刊誤（蒙刊先兄遺文），卅載陳雷好結鄰。恤緯有嫠猶健在，遠勞慊足餉時珍（家嫂亦時蒙存問餽遺）。

匠門種玉盡藍田，故籍猶看姓氏全（望與莘兄同受知於李栯堂師，近假同登錄鈔寫一過文字三生徵契合望又與莘兄同譜科名兩世結纒緜莘兄又與家弟會亮為戊午補科同年揚眉不惜階前地丈每見望窗課試作輒深獎許鎩羽難窺秘府編望南北十五試應薦者九迄未獲售深辜期望自愧談經少師法荀班贄幣又相聯椒坡兄長君頎庭又執贄於望

銷兵佳氣滿寰瀛使者輶車砥道平持節羣公皆後起近年學使皆後丈十餘科嚶鳴幾茷輩有同聲與丈同輩者長元吳尚有三人兒毓即介來年壽丈明年八十鼉鼓猶縈少日情更喜孫枝繩祖武令孫新入吳庠會鶱六翮奮雲程

題黃吟梅超曾東瀛采風圖

使星記下五雲端圓嶠方壺路渺漫土地幸非秦版籍

威儀猶見漢衣冠百年禮樂何全革一代輶軒足巨觀
他日蘭臺編信史開函觸目盡瑯玕
豈從徐福訪安期一日才名海外馳沒骨畫參閻趙法
嘔心句鬭孟韓詩曾登駿骨臺千尺更擅龍門筆一枝
觴詠昔年隨大阮那堪兩鬢漸成絲

題汪桐生丈元崇復初齋後稿

清華門閥說金張七度秋風選佛場無奈才人多命厄
屈他司馬作貲郎
躍馬千山瘴霧開使君故擅不凡才懸知筆墨多光怪
惹得蛟龍攫取來

文字因緣豈偶然，論交三世獨纏緜。先祖游持齋司空學幕，與杏江宮庶多唱和之作，先君與竺君樞曹亦訂石交焉。最難膝下超宗好，檢點叢殘手自編。令子棣圖時亦從余問字，此稿其編輯者。

和稺泉寄亦謝韻即述近況

光陰臘尾又年頭，不作營營暮夜求。借得一鴟澆磈礧，何須從事說青州。偶從友人處覓得村酒二甕。

移家偶學村夫子，堊壁先除一寸泥。莫笑儒酸眞面目，甕頭攜得隔年虀。

集古書如骨董羹，中郎上蔡費開評。新得漢碑十餘種。何時覓得裝池手，軸躞珊瑚押水晶。

故家喬木蕩爲墟金薤琳瑯百不儲幸有叢殘遺稿在
一燈校勘補蟲魚

坐雪柬穉泉

紛紛祥霰下階墀正是梁園作賦時苦憶氈裘關右客
那須檀板帳中姬殘年婉娩添愁債瘠歲艱難儉酒巵
不解玉樓銀海句忌才宰相亦知詩

除夕穉泉以和墀字韻見示元日滌筆奉答仍
疊前韻

崔嵬蕊榜下天墀問訊人間夢熟時（俗以元旦發天榜今壬午大比年也）
儘有吹竽齊右客不逢賭唱曲中姬乘時富貴原棋局

友有祓禊職者逃俗生涯只酒巵相約草堂尋杜甫攜壺人日與題詩

祝姚芷軒墉六十初度再疊前韻

帝墀還家卻埽閉門時本來弧矢稱男子底用琅璈奏獻賦頻年步侍姬夔府風高吹短鬢君客川督幕中滬江酒熟醉春巵掌教上海蕊珠書院竹鑪往事憑君訪料理烹茶與鍛詩近有錫山之行

新正九日穉泉招飲以齒痛未赴三疊前韻

圓月頭番照曲墀無端辜負咬春時頗聞高會揮杯侶似賞當筵錄事姬聞有酒糾數輩尋勝已虛梅萬樹人日祀三先生祠未

赴贈行并少酒千卮芷軒出游亦未暢别生憎口福慳如此嚼蠟朝朝只賦詩

書周烈婦殉夫傳後

我讀柏舟詩苦節推共姜我慕懷清臺巴婦稱賢良古人明大義紀乘標煌煌然猶留此身耐久嘗冰霜胡乃捨軀命倡隨泉臺傍翳彼指囷裔來嬪顧曲郎入門尋築里登堂奉尊章清晨修櫛沐中饋職酒漿夫子圭璧器才望高虞庠壯志每鬱勃奇氣殊昂藏秋風鎖院開踏徧槐花忙一擊不中節憂來煎肝腸相如臥茂陵荏苒成瘠尫玉棺天上下起痼無奇方奄然赴蓉城愴絕

閨中孀麻衣慘如雪血淚紛盈眶同穴誓踐約畢命休
旁皇距夫死數日地下相頡頏視彼孤燈䕶立志尤激
昂
聖朝重倫紀
天語垂恩光綽楔煥崔巍姓氏揚芬芳妻道與臣道自
古同昭彰草間求活者惜命吁可傷我書烈婦事愧彼
偷生傖

卅六芙蓉館詩存卷六　受業譜姪繆朝荃編校